Michael Meier

Der Papst der Enttäuschungen

Michael Meier

Der Papst
der Enttäuschungen

Warum Franziskus kein Reformer ist

HERDER

FREIBURG · BASEL · WIEN

Satz: Carsten Klein, Torgau
Herstellung: GGP Media GmbH, Pößneck

Printed in Germany

ISBN Print 978-3-451-39716-5
ISBN E-Book (EPUB) 978-3-451-83970-2

Inhalt

Vorwort und Grundthese:
Kein Reformer, sondern Seelsorger

Warum am Ende dieses Pontifikats abermals ein Buch über Franziskus? Ist über ihn nicht längst alles gesagt? Eben nicht. Denn die allgemeine Wahrnehmung dieses Papstes vom anderen Ende der Welt war von Anfang an in Stereotypien gefangen, die nachweislich falsch sind. Es wurde fast einmütig ein idealisiertes Bild kultiviert, das allen hilft: Dem Papst selber, den Reformern wie den Reaktionären. Franziskus gilt gemeinhin als Reformpapst. Nur: Wie hat er die Kirche erneuert, welche Reformen hat er aufgegleist? Die Frage bringt selbst jene in Verlegenheit, die das Bild des Reformpapstes geprägt haben, allen voran den bekannten Vatikanisten Marco Politi. Er nennt vage die Kurienreform, mehr Rechte für Frauen und Geschiedene oder die Abkehr von der Fokussierung auf die Sexualmoral. Zugleich glaubt er zu wissen, warum der reformwillige Papst mit den Reformen nicht vorankommt: Eine noch nie dagewesene Opposition, ja ein eigentlicher Bürgerkrieg hinter den Mauern des Vatikans breche den päpstlichen Reformwillen. So hat Politi das gängige, Franziskus entlastende Narrativ dieses Pontifikats formuliert: Franziskus ein Reformer, der leider an der Umsetzung gehindert wird, ausgebremst von der konservativen Kurie. Das in seinen Büchern *Unter Wölfen*[1] oder *Das Franziskus-Komplott*[2] beschworene Narrativ vom verhinderten Reformer ist zur dominanten Deutung dieses Papstes geworden.

Das geschönte Bild vom verhinderten Reformer haben nicht nur die Medien, sondern auch zahlreiche andere Vatikan-Kenner übernommen. Andreas Englisch etwa in seinem Buch *Der Pakt gegen den Papst*.[3] Auch Christopher Lamb, der Vatikan-Korrespondent von *The Tablet*, postuliert in seinem Buch *The Outsider: Pope Francis and*

His Battle to Reform the Church,[4] dass der Papst mit einem Guerilla-ähnlichen Aufstand konfrontiert sei, der von »weltlichen und klerikalen Einrichtungen« angeführt werde. Selbst die fundierte Franziskus-Biografie des Engländers Paul Vallely trägt den verfänglichen Untertitel *Vom Reaktionär zum Revolutionär.*[5] In die gleiche Kerbe schlägt die Franziskus-Biografie von Daniel Deckers,[6] die ganz vom Zauber des Anfangs inspiriert ist. Überhaupt stammen die meisten wichtigen Franziskus-Monografien aus den ersten Jahren des Pontifikats, als die Hoffnung auf Neuerungen noch eher gerechtfertigt war. Einer der wenigen, der den »Franziskus-Mythos« – fünf Jahre nach Amtsantritt von Franziskus – grundsätzlich hinterfragt hat, ist Marco Marzano in seinem argumentativ bestechenden Sachbuch *Die unbewegliche Kirche.*[7] Als Soziologe ist er vor allem an der Institution und ihrer Trägheit interessiert, mit der es auch Franziskus nicht aufnehmen kann.

Zweierlei ist falsch an der gängigen Lesart: Unter Johannes Paul II. und Benedikt XVI. war die Opposition wesentlich größer. Man denke an den Vatileaks-Skandal innerhalb der Mauern des Vatikans, der Benedikt letztlich zum Rücktritt bewog, vor allem aber auch an die von außen kommende Opposition gegen die beiden Pontifikate. Der Streit um die Deutungshoheit des Zweiten Vatikanischen Konzils bescherte diesen Päpsten von rechts das Schisma mit den Piusbrüdern und von links hartnäckige Reforminitiativen wie die *Kölner Erklärung, Wir sind Kirche, Lila Stola, Gruppe verheirateter Priester, Initiativgruppe vom Zölibat betroffener Frauen* und wie sie alle heißen. Die Reformbewegungen nahmen die beiden letzten Päpste unter Dauerbeschuss. Es trifft aber noch weniger zu, dass Franziskus ein Reformpapst ist. Dieses Buch zeichnet ein anderes Narrativ: Franziskus als Seelsorger und Hirte, der im Einzelfall Gnade vor Recht ergehen lässt, Barmherzigkeit über Lehramt und Dogma stellt, dieses aber nicht antastet. Barmherzigkeit ist der Schlüssel zum Pontifikat von Franziskus. Damit weckt er Erwartungen auf substanzielle Reformen, ohne ein Reformer zu sein. Und er gerät in Widersprüche, in Teufels Küche. Diese Lesart erlaubt es auch, eine nüchtern-realistische Bilanz des Bergoglio-Pontifikats zu skizzieren. Der analytische Essay zeigt exemplarisch, dass die Kirche in ihrer Substanz schlicht nicht reformierbar ist.

Mein Buch, keine Biografie, sondern ein Sachbuch, treibt die Entmythologisierung des zu Ende gehenden Pontifikats weiter und will zugleich eine Bilanz ziehen. Als Theologe und Religionsjournalist (während Jahrzehnten beim Zürcher *Tages-Anzeiger*), kann ich die Außen- und Innenperspektive zusammenführen. Ich habe als reformierter Christ und verhinderter Konvertit katholische Theologie in Rom und Fribourg studiert. Das erklärt vielleicht meine Distanz zu Papst und römischer Kirche. Ich finde Franziskus bisweilen sympathisch, fasziniert oder inspiriert hat er mich nie. Ich habe sein Wirken seit seiner Wahl journalistisch begleitet und die gängige Lesart praktisch von Anfang an angezweifelt, mich damit auch Kritik ausgesetzt. Nochmals: Ich halte das Narrativ des gescheiterten Reformers für falsch, und zwar ohne Wenn und Aber. Franziskus ist kein Reformer, sondern Seelsorger und Hirte. Die große Öffentlichkeit nimmt meist nur seine mündlichen Äußerungen zur Kenntnis, die tatsächlich das Bild eines Reformpapstes suggerieren. Man muss aber auch seine lehramtlichen Texte lesen, die eine andere Sprache sprechen.

So kommt es, dass Franziskus sich mit Homosexuellen trifft, die Homoehe aber – und selbst die liturgische Segnung gleichgeschlechtlicher Beziehungen – für unstatthaft hält. Er ermuntert eine evangelische Frau mit ihrem katholischen Ehemann zur Kommunion zu gehen, untersagt aber das gemeinsame Abendmahl von katholischen und evangelischen Gemeinden. Er hievt einzelne Frauen in administrative Spitzenämter, hält aber ihre Teilhabe an der Definitions- und Leitungsgewalt qua Weihe für nicht gottgewollt. Er anerkennt verheiratete Priester in den katholisch-unierten Kirchen, verpflichtet seine eigenen Priester aber auf den Zölibat. Er will den Laien mehr Mitsprache bei der Entscheidungsfindung geben, von den Entscheidungen selber aber schließt er sie aus.

Entscheidend für das Verständnis von Franziskus: Er ist der erste Papst aus dem Süden, der in einer westlich dominierten Kirche wirkt, sich aber wenig für den Westen interessiert. Das imprägniert seine Haltung nicht nur zu geopolitischen Fragen, sondern auch zu Fragen des interreligiösen Dialogs und der Kirchenreform. Höchstwahrscheinlich wird auch sein Nachfolger aus Lateinamerika, Afrika oder Asien kommen. In der südlichen Hemisphäre, aus der Franziskus stammt, treten strukturelle Reformen der Kirche hinter den Fragen der Armutsbekämpfung, Entkolonialisierung oder Migration zurück. Und trotzdem ist etwa die Frauenfrage keine auf den Westen beschränkte; sie ist global und überall virulent. Auch afrikanischen Nonnen würde in einer geschlechtergerechten Kirche viel Leid erspart bleiben. Und gerade die Amazonas-Synode hat gezeigt, dass selbst im Urwald neue Zulassungsbedingungen zum Priesteramt notwendig wären.

Dieses Buch ist aus einer westlichen Perspektive geschrieben, aus einer aufgeklärten, reformorientierten Perspektive. Der sogenannten Kirchenbasis wirft es aber vor, nicht schon vor Jahren gemerkt zu haben, dass man von Franziskus' barmherzigen Gesten nicht auf substanzielle Reformen schließen darf. Dagegen stemmt sich die Basis und hält krampfhaft an der Lesart des gescheiterten Reformpapstes fest. Warum? Diese Deutung stabilisiert den Status quo der Kirche und hält zugleich die Hoffnung auf Veränderung am Leben. Sie hilft der Basis und sie hilft dem Papst. Es ist eine Symbiose, die den Kirchenbetrieb aufrechterhält und obendrein die kirchliche Einheit festigt. Die Basis der Gläubigen und das Gros der kirchlichen Angestellten halten am Bild des an der Kurie gescheiterten Reformers fest, weil es ihrer Einbettung in der Kirche oder ihrer pastoralen Arbeit eine Perspektive gibt. Auch Basisinitiativen wie *Wir sind Kirche* wollen nicht wahrhaben, dass sie ihre Reformforderungen wie den Stein des Sisyphos vor sich herschieben, ohne je ans Ziel zu gelangen. Tatsächlich hat Franziskus zu Beginn des Pontifikats Zeichen gesetzt, die auf Reformen hoffen ließen. Zudem ist dieser Papst bemüht, auf die Reformer zuzugehen, indem er sie über Reformschritte debattieren lässt, die er dann aber auf Retuschen und Kosmetik nivelliert.

Der Essay umreißt entlang der chronologischen Achse mit den wichtigsten Stationen des Pontifikats die von Franziskus gesetzten Hauptthemen. Im Fokus stehen die von ihm ausgelösten Debatten um Reformen, speziell die mit den Bischofsynoden zu Familie und mit der Amazonas-Synode geschürten Hoffnungen auf Abschaffung des Pflichtzölibats, Aufwertung der Frau und eine neue Sexualmoral. Statt aber zu Reform an Haupt und Gliedern kommt es nur zu Retuschen. Zur Sprache kommt weiter der halbherzige Kampf gegen den Missbrauch, die fragwürdige Kardinalspolitik der Peripherie und der mehrjährige Synodale Prozess, der wie andere nationale Dialogprozesse ins Leere laufen wird. Im interreligiösen Bereich setzt Franziskus auf die Öffnung gegenüber dem Islam, zementiert aber binnenkirchlich den Stillstand gegenüber den Kirchen der Reformation, indem er am Verbot des gemeinsamen Abendmahls festhält. Auch politisch ist er kein Revolutionär, weil kein Befreiungstheologe, sondern ein argentinischer Volkstheologe ohne politischen Messianismus. Im Ukraine-Krieg mag er sich nicht dem westlichen Bündnis anschließen, hält vielmehr an der von ihm romantisierten russisch-orthodoxen Kirche als bevorzugter Gesprächspartnerin fest. Das Schlusskapitel zeigt – über Franziskus hinausgehend –, dass die römische Kirche in ihren Identitätsmarkern wie der hierarchischen Struktur, dem Zölibat und dem Ausschluss der Frauen von

Leitungsämtern nicht reformierbar ist. Sonst droht das Schisma. Die zur Minderheit gewordene Kirche wird wohl als bürokratische Super-Institution überleben, ohne aber die Herzen der Gläubigen zu erreichen. Zugleich wird der Glaube in kleinen mystischen Gemeinschaften gelebt, die auf sich gestellt überfordert sind. Insgesamt wird die Kirche südlicher, aber nicht reformierter werden.

Dieses Buch begnügt sich häufig mit der männlichen Form und verzichtet auf geschlechtergerechte Sprache. Dies, weil römische Kirche und Papsttum per se patriarchal sind und Frauen qua Weihe vom Priester- und Bischofsamt ausschließen. Und damit auch von jeglicher Definitionsgewalt: Lehre und Dogma der römischen Kirche sind zu hundert Prozent männlich. Es gibt kaum Vatikanistinnen und nur vereinzelt Frauen, die Bücher über Päpste verfassen. Hingegen trifft man auf Frauen an der Basis: als Theologinnen und Pastoralreferentinnen oder als Aktivistinnen in Reformgruppen.

Anmerkungen

1   Marco Politi, Franziskus unter Wölfen. Der Papst und seine Feinde, Freiburg im Breisgau: Herder 2015.
2   Marco Politi, Das Franziskus-Komplott. Der einsame Papst und sein Kampf um die Kirche, Freiburg im Breisgau: Herder 2020.
3   Andreas Englisch, Der Pakt gegen den Papst. Franziskus und seine Feinde im Vatikan, München: C. Bertelsmann 2020.
4   Christopher Lamb, The Outsider. Pope Francis and His Battle to Reform the Church, New York: Orbis books 2020.
5   Paul Vallely, Papst Franziskus. Vom Reaktionär zum Revolutionär, Darmstadt: Theiss 2014.
6   Daniel Deckers, Papst Franziskus. Wider die Trägheit des Herzens, München: C.H. Beck 2014.
7   Marco Marzano, Die unbewegliche Kirche. Franziskus und die verhinderte Revolution, Freiburg im Breisgau: Herder 2019.

Kapitel 1:
Der Zauber des Anfangs

Den ersten öffentlichen Moment von Papst Franziskus erleben viele als so magisch vielversprechend, dass jedes Buch, jedes Porträt ihn immer wieder aufleben lassen muss. Dieser erste Moment eröffnet nicht nur ein neues Pontifikat, nein, auch ein neues Kapitel der Kirchengeschichte. Als Jorge Mario Bergoglio nach seiner Wahl am Abend des 13. März 2013 auf die Loggia des Petersdoms tritt, ist der Zauber des Anfangs mit Händen zu greifen. Ein Anfang voller Verheißungen: zurück zum Charisma des Gründers, zurück zum Geist des Evangeliums, zur Schlichtheit der ursprünglichen Kirche. Demonstrativ ohne Pathos begrüßt der neu gewählte Papst aus Buenos Aires die Menge auf dem Petersplatz mit einem schlichten »Buena sera«. Dann verneigt er sich vor der begeisterten Menge, um sich von ihr segnen zu lassen. Er ist in schlichtes päpstliches Weiß gekleidet, zunächst ohne Stola wie noch seine Vorgänger. Er trägt ein Brustkreuz aus Silber statt aus Gold und Edelsteinen. Dann in den ersten Tagen als Papst mit dem vielversprechenden, aber auch anmaßenden Namen Franziskus lässt er eine Kaskade von Gesten und Symbolen folgen, die die Welt beschäftigen und Auguren zu Hunderten auf den Plan rufen. Eines wird klar: Es ist ein eminent katholischer Papst, der ganz auf die Kraft der Bilder setzt. Den Gesten folgen Ankündigungen und Taten, den Taten das Schreiben Evangelii gaudium (Freude am Evangelium). Aus allem spricht der Geist der Reform. Nach dem gestrengen Theologen-Papst mit barocker Ästhetik regiert jetzt ein schlichter Mann der Praxis, ein Seelsorger, der alles im Geiste des Nazareners neu machen will. So scheint es zumindest.

Die Bilder des neuen Papstes gehen um die Welt. Am Tag nach seiner Wahl auf dem Weg zur Basilika Santa Maria Maggiore erkennt man unter dem Weiß der päpstlichen Soutane schwarze ausgetretene Schuhe. Statt im Mercedes lässt sich Franziskus in einem klapprigen Fiat durch Rom fahren. Im Domus Internationalis Paulus VI, wo er die Tage vor dem Konklave gewohnt hatte, klaubt er seine Kreditkarte hervor, um seinen Aufenthalt zu bezahlen. Als er den traditionellen Wohnort der Päpste, den Apostolischen Palast, aufsucht und entsiegelt, meint er lakonisch, hier sei Platz für 300 Personen. Also bleibt er im Gästehaus des Vatikans, der Casa Santa Marta, wohnen, um unter Menschen zu sein und im gleichen Speisesaal wie sie zu essen. Am Gründonnerstag wäscht er im Jugendgefängnis Casal del Marmo zwölf Insassen, Männern wie Frauen, die Füße.

Vor allem die Namenswahl »Franziskus« ist ein Paukenschlag: Der neue Papst will wie der *Poverello* aus Assisi im 12. Jahrhundert eine arme Kirche. Keiner seiner Vorgänger getraute sich, den Namen des beliebtesten Heiligen der Kirche, des »Zweiten Christus«, anzunehmen: Eine Verheißung, ein Programm oder eine Anmaßung und Überforderung? An seiner ersten Audienz vor Hunderten Journalisten aus aller Welt fasst er in Worte, worauf seine Gesten hingewiesen haben: »Wie gern hätte ich eine arme Kirche für die Armen«.[1] So ist es nur folgerichtig, dass ihn seine erste Reise am 8. Juli 2013 auf die Flüchtlingsinsel Lampedusa führt, wo er an einem zum Altar umfunktionierten Boot die Eucharistie feiert. Auf dem Sportplatz segnet er 200 gestrandete Flüchtlinge, nicht ohne die »Globalisierung der Gleichgültigkeit« zu geißeln.

Dazu passt seine Kapitalismuskritik in drastischen Bildern: »Diese Wirtschaft tötet«, schreibt er. Oder: »Geld, das sind die Exkremente des Teufels«. Überhaupt den Teufel lässt er regelmäßig in seinen Predigten aufleben, den Teufel in Person, den Widersacher und Verführer, den er an der Wurzel so vieler Übel erkennt. Der Kurie hält er in seiner Weihnachtsansprache von 2014 den Beichtspiegel vor und geißelt deren »existenzielle Schizophrenie« und »spirituellen

Alzheimer«.[2] Die Kirche insgesamt sei krank – sie präsentiert sich »wie ein Feldlazarett nach der Schlacht«.[3] Um im Bild zu bleiben: Franziskus sieht sich als Arzt, der alle Wunden heilt.

Mit all diesen volkstümlichen Gesten und Bildern treibt er Gläubige wie Medien um: jede Geste eine Verheißung, ein Hinweis auf das Neue, das da kommen soll. Alles atmet den Geist der Neuerung, des nie Dagewesenen, des heilenden Neuanfangs. Die Öffentlichkeit ist begeistert: nach dem gestrengen, zugleich pompös auftretenden Benedikt jetzt ein einfacher Seelsorger mit abgespeckter Ästhetik und Liturgie – deutlicher geht's nicht: ein Kontrastprogramm zum Vorgänger. Wie gut er tut, dieser Franziskus-Effekt! Auch hohe Würdenträger baden im neuen Romgefühl. Die Vatikanisten überbieten sich mit immer kühneren Vorhersagen. Die Auguren künden nicht nur eine Reform an, nein »das Ende der imperialen Kirchen«, der »absoluten Monarchie«, eine »Perestroika« und eine »Revolution«, die »missionarische Umgestaltung der Kirche«. Am wortmächtigsten beschreibt Paul Vallely das »Ende der monarchischen Kirche«. In den ersten Tagen »gab Franziskus mit immer neuen Zeichen und Symbolen zu erkennen, dass die Dinge sich auf breiter Basis änderten«.[4]

Der Papst der Bilder

Gegenüber seinen intellektuellen Vorgängern ist es Franziskus' Symbol- und Bildsprache, die ihm in unserer Bildergesellschaft einen ungeheuren Sympathiebonus einbringt. Franziskus weiß: Johannes Paul II. und Benedikt XVI. haben mit ihren doktrinären Belehrungen Personal und Kirchenvolk abgeschreckt. Und doch ist gerade er, Franziskus, der volkstümliche Seelsorger, der katholischste Papst seit langem. Er ist der Papst der Bilder, nicht des Wortes, der »Augengläubige«, nicht der »Ohrenfromme«, um mit dem evangelischen Theologen Friedrich Wilhelm Graf zu sprechen.[5] Mit Gesten und Symbolen bedient er die katholische Augenreligion. Die Ohrenreligion der Reformatoren, die sich auf das Wort Gottes berufen und Bilder verschmähen, ist seine Sache nicht.

»Franziskus hat von der ersten Sekunde an eine Zeichensprache gewählt, die eine mediale Öffentlichkeit bedient und vermitteln soll: Ich mache alles anders«, analysiert damals der konservativ-katholische Schriftsteller Martin Mosebach.[6] Gelernt hat er diese Bildersprache als junger Jesuit in Argentinien von der peronistischen Volkstheologie. Der Peronismus spielte gekonnt auf der Klaviatur der Volksmythen, die von Bauern, Gauchos und einfachen Leuten bevölkert sind. Der frühere Peronist Jorge Mario Bergoglio inszeniert ein wahres Bilder- und Gestenspektakel. Was damals viele nicht hören wollen: Das sei sein ganzes Programm, sagt einer seiner einstigen Mitarbeiter aus Argentinien. Man müsse nicht immer nach Konsequenzen und Taten schielen. Doch die Warnung, die Gesten und Bilder als solche zu nehmen und aus ihnen nicht alles Mögliche und Wünschenswerte zu folgern, wird nur zu gerne überhört.

Die Suggestivkraft der Bilder verleitet zu Hoffnungen, aber auch zu falschen Interpretationen. Mehr als Begriffe sind Bilder Projektionsflächen – sie sind auslegungsbedürftig, mehrdeutig, widersprüchlich. Der Papst der Bilder wird häufig missverstanden. Sein Glanz ist vielleicht auch sein Verhängnis. Franziskus' Aufruf, sich nicht wie die Kaninchen zu vermehren, wird als Zulassung der künstlichen Empfängnisverhütung verstanden. Das Dementi aus dem Vatikan folgt auf dem Fuße. Aus seiner Bildrede, dass Petrus kein Bankkonto gehabt habe, folgert man fälschlicherweise, er wolle die Vatikanbank abschaffen.

Worte und Zeichen der Hoffnung

Und doch folgen in den ersten Monaten über die Symbolhandlungen hinaus Ankündigungen, ja auch Taten, die aufhorchen lassen und seinen Reformwillen zu bestätigen scheinen.

- Schon am 13. April beruft Franziskus acht Kardinäle aus allen Kontinenten, die ihm bei der Leitung der Weltkirche helfen und mit ihm eine Kurienreform aufgleisen sollen. Mit diesem Kardinalsrat (zuerst K8, dann K9) entspricht er dem Anliegen des sogenannten Vorkonklave, wo etliche Kardinäle eine Reform der Kurie und eine Stärkung der Ortskirchen gefordert hatten. Umgehend reformiert der Rat das Finanzwesen. Der australische Kardinal George Pell wird Präfekt der neuen Behörde Vatikan-Sekretariat für Wirtschaft. Der deutsche Kardinal Reinhard Marx wird in den neuen Wirtschaftsrat berufen. Anfang Oktober 2013 kommen die acht Kardinäle erstmals mit Franziskus in der Casa Santa Marta zusammen.

Vatikanisten und Journalisten kommentieren den Kardinalsrat geradezu euphorisch. Daniel Deckers hält den K8-Rat für Franziskus' »ehrgeizigsten und grundstürzendsten Plan«. Das »neue Macht- und Entscheidungsorgan« verheiße eine »Korrektur der Machtarchitektur im Vatikan«.[7] Noch enthusiastischer ist Paul Vallely. Er erwartet von diesem Gremium, dass seine »Ratschläge durchgreifend und radikal ausfallen werden.« Franziskus habe den Kardinalsrat geschaffen, um die Kirche von einer »absoluten Monarchie zu einem repräsentativen Kabinettsystem umzubauen«[8] und um »auf revolutionäre Weise das kollegiale Miteinander in der Kirche« zu stärken.[9] Das monarchische Modell des Papsttums erklärt Vallely schlichtweg zum Auslaufmodell.[10] Ja, er zitiert den italienischen Kirchenhistoriker Alberto Melloni, der den Kardinalsrat für den »wichtigsten Schritt in der Kirchengeschichte der letzten zehn Jahrhunderte« hält.[11]

- Auf dem Rückflug vom Weltjugendtag in Rio de Janeiro im Juli 2013 gibt Franziskus auf 9000 Meter Höhe seine erste fliegende Pressekonferenz und spricht einen unerhörten Satz aus, der durch sein ganzes Pontifikat hallen wird: »Wenn einer Gay ist und den Herrn sucht und guten Willen hat, wer bin dann ich, ihn zu verurteilen?«[12] Mit dieser Äußerung weckt er die allergrößten Hoffnungen; manche sprechen vom Anfang einer kopernikanischen Wende in der Sexualmoral. Der Kontext aber bleibt meist unerwähnt. Der italienische Kirchenjournalist Sandro Magister hatte zuvor enthüllt, dass der von Franziskus frisch ernannte Prälat der Vatikanbank IOR und Direktor der Casa Santa Marta, Battista Ricca, als früherer Nuntiatursekretär in Montevideo ein Lotterleben geführt und ein Verhältnis mit einem Offizier der Schweizer Armee hatte.[13] Bei einem Besuch der Schwulenbars von Montevideo wurde Ricca zusammengeschlagen. Priester der Nuntiatur mussten den Verletzten in die Residenz zurückbringen. Dort blieb er eines Nachts im Aufzug stecken. Die zu Hilfe gerufene Feuerwehr befreite den Vatikan-Diplomaten zusammen mit einem jungen Burschen, den die Polizei identifizierte. In der Folge wurde Ricca an die unbedeutende Nuntiatur von Trinidad und Tobago versetzt. Nur: Franziskus denkt nicht daran, ihn deswegen zu entlassen: »Wer bin ich …«
- Anfang April 2014 empfängt Franziskus zwei Vertreter des Indianermissionsrats, darunter den aus Österreich stammenden Amazonas-Bischof Erwin Kräutler, der damals Präsident dieses Rates war. Er berichtet im Nachhinein, Franziskus habe damals von der brasilianischen Bischofskonferenz »mutige und couragierte« Lösungsvorschläge für die Zukunft erbeten.[14] Höchstwahrscheinlich

werde dazu eine Kommission gegründet, die den Ball auffange und berate. Ein möglicher Vorschlag sei, dass man Zölibat und Eucharistiefeier entkopple, so Kräutler. Umgehend wird das als Anfang vom Ende des Pflichtzölibats gewertet. Es ist offenbar nur noch eine Frage der Zeit, bis verheiratete Männer sich zu Priestern weihen lassen können.

- Im März 2014 konstituiert sich die Kinderschutzkommission, allerdings noch ohne festumrissene Aufgaben und Kompetenzen. Fünf der acht Mitglieder sind Laien, vier davon Frauen, darunter das ehemalige Missbrauchsopfer Marie Collins aus Irland. Das Gremium aus Psychotherapeuten, Juristen und Theologen soll mit der Glaubenskongregation kooperieren. Franziskus mache mit diesem Schritt deutlich, dass der Schutz von Minderjährigen zu den vordringlichsten Aufgaben der Kirche zähle, sagt Vatikansprecher Federico Lombardi.[15] Die Kommission werde Maßnahmen für einen besseren Schutz von Minderjährigen entwickeln. Es gehe sowohl um die Vorbeugung als auch um die Strafverfolgung sowie um einen Verhaltenskodex. Der begeisterte Tenor der Medien: Franziskus wolle Missbrauch einen Riegel vorschieben und den Opfern helfen.

- Am 15. November 2015 besucht Franziskus die evangelisch-lutherische Christus-Kirche in Roms Innenstadt. In der Fragerunde will eine evangelische Ehefrau vom Papst wissen, wie lange es noch dauere, bis sie mit ihrem katholischen Ehemann zur Kommunion in der römischen Kirche gehen dürfe. Franziskus antwortet, es sei schwer, die Lehre zu verstehen. Das Ehepaar solle prüfen, wie das Abendmahl für sie persönlich eine Stärkung auf dem gemeinsamen Glaubensweg sein könne. Wörtlich sagt er: »Ich werde nie wagen, Erlaubnis zu geben, dies zu tun, denn es ist nicht meine Kompetenz ... Sprecht mit dem Herrn und geht voran. Ich wage nicht mehr zu sagen.«[16] Viele deuten das als eine klare Ermutigung, auf das eigene Gewissen zu hören, ja dass der Papst sich für die eucharistische Gastfreundschaft und das gemeinsame Abendmahl öffnen werde.

- Im November 2013 veröffentlicht er das Apostolische Schreiben *Evangelii gaudium (Freude am Evangelium)*, das sein in Bildern und Gesten angedeutetes Programm ins Wort zu fassen und zu bestätigen scheint: Die missionarische Kirche, ihre barmherzige Zuwendung zu den Armen, seine Wirtschafts- und Kapitalismuskritik, seine Vision einer synodalen und dialogfähigen Kirche, die auf Dezentralisierung setzt, die nationalen Bischofskonferenzen stärkt und Laien und Frauen mehr Mitsprache einräumt. Das Echo ist euphorisch: Das sei nun die Regierungserklärung des Reformpapstes Bergoglio.

All diese Ankündigungen machen Furore, Franziskus wird als Künder einer kirchlichen Revolution gesehen. Heute, elf Jahre später, wissen wir, dass diese Revolution nicht stattgefunden hat und die Erwartungen ins Leere gelaufen sind. Liest man Artikel und Bücher von damals, ist man meist peinlich berührt, wie sehr die Autoren und Vatikanisten Franziskus überhöht und ihn zum Reformer und Revolutionär stilisiert haben. Man hätte eben auch die skeptischeren Stimmen hören sollen; doch diese kamen meist von rechts. Der Schriftsteller Martin Mosebach urteilte damals: »So zugewandt und herzlich Franziskus auftritt, so verschlossen ist er auch. Er lässt sich nicht in die Karten gucken. Bisher ist völlig unklar, was Franziskus wirklich denkt.«[17] Zumal in doktrinären Fragen, die dogmatische Eindeutigkeit verlangten. Auch der katholische Philosoph Robert Spaemann warf Franziskus immer wieder »Unklarheit«, »Zweideutigkeit« und eine »chaotische Amtsführung« vor.

Die eigentliche Regierungserklärung: Barmherzigkeit, nicht Reformen

Vor allem auch hätte man dem frisch gebackenen Papst selber zuhören sollen. Man hätte sein erstes großes Interview vom Juni 2013 mit dem ihm ergebenen Jesuiten Antonio Spadaro in dessen Zeitschrift *Civiltà Cattolica* stärker beachten sollen. Vielleicht ist dieses Interview ohne lehramtlichen Anspruch seine eigentliche Regierungserklärung und nicht das austarierte Apostolische Schreiben *Evangelii gaudium*. Wir zitieren etwas ausführlicher aus dem Interview, weil es ein, wenn nicht der Schlüsseltext des neuen Papstes und seines ganzen Pontifikats ist:[18]

>*»Ich sehe ganz klar, dass das, was die Kirche heute braucht, die Fähigkeit ist, Wunden zu heilen und die Herzen der Menschen zu wärmen – Nähe und Verbundenheit. Ich sehe die Kirche wie ein Feldlazarett nach einer Schlacht. Man muss einen Schwerverwundeten nicht nach Cholesterin oder nach hohem Zucker fragen. Man muss die Wunden heilen. Dann können wir von allem anderen sprechen.«* Es folgt sein Lob der Barmherzigkeit: *»Barmherzigkeit ist die Medizin für alle Verwundeten. Die Kirche hat sich manchmal in kleine Dinge einschließen lassen, in kleine Vorschriften. Die wichtigste Sache ist aber die erste Botschaft: ›Jesus Christus hat dich gerettet.‹ (…)«* *»Ich träume von einer Kirche als Mutter und als Hirtin. Die Diener der Kirche müssen barmherzig sein, sich der Menschen annehmen, sie begleiten – wie der gute Samariter, der seinen Nächsten wäscht, reinigt, aufhebt. Das ist pures Evangelium. Gott ist größer als die Sünde.«* Und dann der entscheidende Satz zum Stellenwert struktureller Reformen: *»Die organisatorischen und strukturellen Reformen sind sekundär, sie kommen danach. Die erste*

Reform muss die der Einstellung sein. Die Diener des Evange-
liums müssen in der Lage sein, die Herzen der Menschen zu
erwärmen, in der Nacht mit ihnen zu gehen.« Gerade nach
dem gestrengen Benedikt wirkt das wie Balsam auf die Seele der
Gläubigen: »Das Volk Gottes will Hirten und nicht Funktionäre
oder Staatskleriker. Die Bischöfe speziell müssen Menschen sein,
die geduldig die Schritte Gottes mit seinem Volk unterstützen
können, so dass niemand zurückbleibt. Sie müssen die Herde
auch begleiten können, die weiß, wie man neue Wege geht.«

Die »neuen Wege« bedeuten für den neuen Papst vor allem, auf die
Kirchenfernen zuzugehen, zu denen, die die Kirche verletzt hat:
»Statt nur eine Kirche zu sein, die mit offenen Türen aufnimmt und
empfängt, versuchen wir, eine Kirche zu sein, die neue Wege findet,
die fähig ist, aus sich heraus und zu denen zu gehen, die nicht zu ihr
kommen, die ganz weggegangen oder die gleichgültig sind.«

Aus dem Interview hätte man auch heraushören können, dass
er sich gegenüber Homosexuellen an den Katechismus hält: »Wir
müssen das Evangelium auf allen Straßen verkünden, die frohe Botschaft vom Reich Gottes verkünden und – auch mit unserer Verkündigung – jede Form von Krankheit und Wunde pflegen. In Buenos Aires habe ich Briefe von homosexuellen Personen erhalten, die
›sozial verwundet‹ sind, denn sie fühlten sich immer von der Kirche
verurteilt. Aber das will die Kirche nicht«. Dann zitiert er sich selber:
»Auf dem Rückflug von Rio de Janeiro habe ich gesagt, wenn eine
homosexuelle Person guten Willen hat und Gott sucht, dann bin ich
keiner, der sie verurteilt. Damit habe ich das gesagt, was der Katechismus sagt. Die Religion hat das Recht, die eigene Überzeugung
im Dienst am Menschen auszudrücken, aber Gott hat uns in der
Schöpfung frei gemacht: Es darf keine spirituelle Einmischung in
das persönliche Leben geben. Einmal hat mich jemand provozie-

rend gefragt, ob ich Homosexualität billige. Ich habe ihm mit einer anderen Frage geantwortet: ›Sag mir: Wenn Gott eine homosexuelle Person sieht, schaut er diese Existenz mit Liebe an oder verurteilt er sie und weist sie zurück?‹ Man muss immer die Person anschauen. Wir treten hier in das Geheimnis der Person ein. Gott begleitet die Menschen durch das Leben und wir müssen sie begleiten und ausgehen von ihrer Situation. Wir müssen sie mit Barmherzigkeit begleiten. Wenn das geschieht, gibt der Heilige Geist dem Priester ein, das Richtige zu sagen.«

Und abermals: der gute Seelsorger ist der barmherzige Hirte: »Das ist auch die Größe der Beichte: jeden Fall für sich zu bewerten, unterscheiden zu können, was das Richtige für einen Menschen ist, der Gott und seine Gnade sucht. Der Beichtstuhl ist kein Folterinstrument, sondern Ort der Barmherzigkeit, an dem der Herr uns anregt, das Bestmögliche zu tun. Ich denke auch an die Situation einer Frau, deren Ehe gescheitert ist, in der sie auch abgetrieben hat. Jetzt ist sie wieder verheiratet, ist zufrieden und hat fünf Kinder. Die Abtreibung belastet sie und sie bereut wirklich. Sie will als Christin weitergehen. Was macht der Beichtvater?«

Franziskus mag also nicht die ewigen Moralgebote der Kirche herunterbeten, die eh schon alle kennen: »Wir können uns nicht nur mit der Frage um die Abtreibung befassen, mit homosexuellen Ehen, mit Verhütungsmethoden. Das geht nicht. Ich habe nicht viel über diese Sachen gesprochen. Das wurde mir vorgeworfen. Aber wenn man davon spricht, muss man den Kontext beachten. Im Übrigen kennt man ja die Ansichten der Kirche, und ich bin ein Sohn der Kirche. Aber man muss nicht endlos davon sprechen.«

»Die Lehren der Kirche – dogmatische wie moralische – sind nicht alle gleichwertig. Eine missionarische Seelsorge ist nicht davon besessen, ohne Unterscheidung eine Menge von Lehren aufzudrängen. Eine missionarische Verkündigung konzentriert sich auf das Wesentliche, auf das Nötige. Wir müssen also ein neues Gleichgewicht finden, sonst fällt auch das moralische Gebäude der Kirche wie ein Kartenhaus zusammen, droht, seine Frische und den Geschmack des Evangeliums zu verlieren. Die Verkündigung des Evangeliums muss einfacher sein, tief und ausstrahlend. Aus dieser Verkündigung fließen dann die moralischen Folgen.« Barmherzigkeit – das ist klar die Hauptbotschaft von Franziskus – Barmherzigkeit und nicht strukturelle Reformen. Von daher ist es nur folgerichtig, dass er 2015 zum Heiligen Jahr der Barmherzigkeit erklärt. Liest man das Interview mit Spadaro genau, wird klar: Franziskus präsentiert sich als barmherziger Hirte und Seelsorger, nicht als Reformer. Indem er betont, »ein Sohn der Kirche zu sein«, macht er klar, dass er deren Struktur und Lehre nicht antasten will. Barmherzigkeit aber kann deren Schärfe abmildern. Franziskus zufolge können Seelsorger barmherzig sein auch unter den gegebenen unbarmherzigen Kirchenstrukturen.

Darum ist es offenbar falsch zu meinen, barmherziges Verzeihen im Einzelfall müsse automatisch die Korrektur der Lehre nach sich ziehen. Franziskus kann mit Wohlwollen auf eine homosexuell empfindende Person zugehen, ohne gleichgeschlechtliche Beziehungen gutzuheißen oder sie für ehewürdig zu erklären. Er kann eine evangelische Frau, die mit ihrem katholischen Mann zur Kommunion gehen will, ermuntern, ihrem Gewissen zu folgen, ohne ein lehrmäßiges Ja zur eucharistischen Gastfreundschaft zu formulieren. Er kann eine Frau in eine Leitungsposition hieven, ohne das Nein zur Frauenordination zu relativieren Das haben Reformer, aber genauso auch die Franziskus-Gegner verkannt. Beide stellen ihn von Anfang an unter stete Beobachtung, wann und wieviel er von seinen Reformversprechen realisiert. Sie schaukeln sich gegenseitig hoch. Doch das Pontifikat des vermeintlichen Reformers bleibt weit hinter den Erwartungen der Basis und hinter den Befürchtungen der Antimodernisten zurück. Zum Leidwesen der einen, zur Genugtuung der anderen.

Anmerkungen

1 Franziskus bei der Audienz im Vatikan, 16.03.2013.

2 Franziskus, Ansprache bei dem Weihnachtsempfang für die römische Kurie, 22.12.2014. Online: https://www.vatican.va/content/francesco/de/speeches/2014/december/documents/papa-francesco_20141222_curia-romana.html (Stand: 08.01.2024).

3 Antonio Spadaro, Das Interview mit Papst Franziskus, Stimmen der Zeit, 19.09.2013. Online: https://www.herder.de/stz/online/das-interview-mit-papst-franziskus-teil-1/ sowie https://www.herder.de/stz/online/das-interview-mit-papst-franziskus-teil-2/ (Stand: 08.01.2024).

4 Paul Vallely, Papst Franziskus, Stuttgart: Theiss 2014, S. 190.

5 Friedrich Wilhelm Graf, Missbrauchte Götter, München: C.H. Beck 2009, S. 175.

6 Martin Mosebach, Ich will keinen Polit-Papst, Interview mit katholisch.de, 16.12.2014. Online: https://www.katholisch.de/artikel/3579-ich-will-keinen-polit-papst (Stand: 08.01.2024).

7 Daniel Deckers, Papst Franziskus, München: C.H. Beck 2016, S. 285-290.

8 Paul Vallely, S. 196 f.

9 Ebd., S. 214.

10 Ebd., S. 203.

11 Ebd., S. 216.

12 Papst Franziskus auf dem Rückflug von Rio de Janeiro, 29. Juli 2013.

13 Sandro Magister, Il prelato della lobby gay, l'Espresso, 18. Juli 2013. Online: https://chiesa.espresso.repubblica.it/articolo/1350561.html (Stand: 08.01.2024).

14 Erwin Kräutler, Eiskalte Dusche, Herder Korrespondenz, 21.6. 2023. Online: https://www.herder.de/hk/online-exklusiv/amazonas-und-weltbischofssynode-eiskalte-dusche (Stand: 08.01.2024).

15 OTS.at, Papst setzt Kinderschutzkommission mit einem Missbrauchsopfer ein, 22.03.2014. Online: https://www.ots.at/presseaussendung/OTS_20140322_OTS0034/papst-setzt-kinderschutzkommission-mit-einem-missbrauchsopfer-ein (Stand: 08.01.2024).

16 Franziskus, Ansprache bei dem Besuch der evangelisch-lutherischen Kirche in Rom, 15.11.2015. Online: https://www.vatican.va/content/francesco/de/speeches/2015/november/documents/papa-francesco_20151115_chiesa-evangelica-luterana.html (Stand: 08.01.2024).

17 Martin Mosebach, Ich will keinen Polit-Papst, Interview mit katholisch.de, 16.12.2014. Online: https://www.katholisch.de/artikel/3579-ich-will-keinen-polit-papst (Stand: 08.01.2024).

18 Antonio Spadaro, Das Interview mit Papst Franziskus, Stimmen der Zeit, 19.09.2013. Online: https://www.herder.de/stz/online/das-interview-mit-papst-franziskus-teil-1/ sowie https://www.herder.de/stz/online/das-interview-mit-papst-franziskus-teil-2/ (Stand: 08.01.2024).

Kapitel 2:
Die alten Geschlechterrollen,
Homosexuelle nicht ehewürdig

An den Bischofsynoden von 2014 und 2015 lässt Franziskus die Vorsitzenden der nationalen Bischofskonferenzen über Ehe, Familie und Sexualität diskutieren – der Lackmus-Test für den Reformwillen des Papstes, heißt es. Unter entsprechend großen Erwartungen eröffnet Franziskus am 5. Oktober 2014 die erste Sitzung der Familiensynode. Nach der zweiten Versammlung legen die Bischöfe ein vages Abschlussdokument vor, und ein halbes Jahr später verfasst der Papst das Lehrschreiben Amoris laetitia. Das 300-seitige nachsynodale Schreiben von 2016 öffnet einen schmalen Spielraum für wiederverheiratet Geschiedene, die nach eingehender Gewissensprüfung in Einzelfällen zur Kommunion gehen dürfen. Das löst eine beispiellose Revolte von rechts aus. Vier konservative Kardinäle werfen dem Papst Häresie vor. Dabei müssten die Konservativen mit dem Papier insgesamt zufrieden sein. Denn es zementiert die herkömmliche Geschlechter- und Sexualmoral. Mit dem alten moraltheologischen Verbotskatlog enttäuscht es die Reformerwartungen auf fast allen Ebenen. Die Kirche verurteilt Zwangseingriffe des Staates zugunsten von Verhütung, Sterilisation oder Abtreibung. Vor allem ist sie dezidiert gegen die »Gender-Ideologie« und eine Gesellschaft, welche die Geschlechterdifferenz leugne und die sozialen Rollen von der biologischen Verschiedenheit von Mann und Frau abkopple. So spricht sie sich unzweideutig gegen die Homo-Ehe aus, die keinerlei Analogie zur Ehe zwischen Mann und Frau haben könne. Es zeigt sich: Franziskus' Hinwendung zu den Homosexuellen ist rein pastoral, die Lehre ändert er nicht.

Es war gewiss überraschend, dass Franziskus ausgerechnet an seiner ersten Synode die Bischöfe auf vermintes Terrain führte und sie über die heißen Eisen Ehe, Familie und Sexualität debattieren ließ. Offenbar war es ihm ernst, die verstaubte kirchliche Ehe- und Sexualmoral den Erfordernissen der Zeit anzupassen. Jedenfalls prophezeiten Theologen und Journalisten eine historische Wende des Papstes zumal gegenüber Geschiedenen. Dass Kardinal Walter Kasper, der als prominentester Theologe und Verfechter einer neuen Ehemoral diese vor den zum Konsistorium versammelten Kardinälen schmackhaft machen durfte, wurde als Indiz für eine Revolution in der Ehemoral gesehen. Auch die Basisbewegung *Wir sind Kirche* titelte in ihrer Pressemitteilung: »Synode birgt Hoffnung auf eine positive Wende in der Kirchengeschichte.«[1] Hoffnung auf einen wegweisenden Schritt des Papstes, die jahrhundertealte Fixierung der katholischen Lehre auf eine rechtlich rigorose Sexualmoral zu verändern. Jedenfalls galt das päpstliche Schreiben als Nagelprobe für die Reformfähigkeit der Kirche.

Die meistdebattierte Frage des Pontifikats: Dürfen Wiederverheiratete zur Kommunion?

Vor und während den Synoden gingen die Wogen hoch. Die 191 Synodenväter (Vorsitzende der Bischofskonferenzen, Ordensleute, Priester und Experten) debattierten äußerst kontrovers über »irreguläre Beziehungen« und homosexuelle Partnerschaften, vor allem über eine eventuelle Zulassung Wiederverheirateter zur Kommunion, wofür Kardinal Kasper geworben hatte. Papst Johannes Paul II. hatte die Frage mit Berufung auf die Unauflöslichkeit der Ehe klar verneint. Die Debatten der Synodenväter verengten sich zusehends auf diese Frage.

Franziskus selber blieb dann eine eindeutige Antwort schuldig. Die lehramtlichen Äußerungen mochte er jedenfalls nicht revidieren. Doch mit der wolkigen Fußnote 351[2] des am 8. April 2016 veröffentlichten Lehrschreibens *Amoris laetitia, Freude der Liebe,* öffnete er einen kleinen Spielraum und brachte damit eine Revolte ins Rollen. In der Anmerkung deutete er die Möglichkeit an, dass in gewissen Fällen die Sakramente auch Menschen in irregulären Beziehungen helfen könnten, etwa Katholiken in Zweitehen. In einem Brief vom 5. September bestätigte er diese Interpretation:[3] In Einzelfällen können wiederverheiratete Eheleute nach Rücksprache mit einem Priester die Sakramente empfangen, ohne dass sie sexuell enthaltsam leben müssten. Ein Plädoyer für die Gewissensentscheidung im Einzelfall. Jedenfalls gesteht Franziskus in gewundener Sprache dem Gewissen der Betroffenen und den Beichtvätern einen gewissen Freiraum zu. Diese müssten die unterschiedlichen Situationen prüfen, ob etwa jemand leichtfertig eine zweite Ehe eingegangen oder von seinem Partner unschuldig verlassen worden sei.

Zwar darf man Franziskus zufolge von der Synode oder von seinem Schreiben »keine neue, auf alle Fälle anzuwendende generelle gesetzliche Regelung kanonischer Art erwarten«.[4] Andererseits meint er, »dass nicht alle doktrinellen, moralischen oder pastoralen Diskussionen durch ein lehramtliches Eingreifen entschieden werden müssen«.[5] Jedenfalls sollen die Seelsorger die Wiederverheirateten begleiten und sie spüren lassen, dass sie Teil der Kirche und nicht etwa exkommuniziert sind. Überhaupt will er Menschen in »irregulären Situationen« nicht im Zustand der Todsünde sehen und ihnen die heiligmachende Gnade absprechen. Franziskus verachtet ausdrücklich die »kalte Schreibtisch-Moral«[6] und forderte seine Hirten auf, gegen jene, die in »irregulären Situationen« lebten, moralische Gesetze nicht wie Felsblöcke zu werfen, man müsse ihnen vielmehr mit Respekt, Mitgefühl und Barmherzigkeit begegnen. Die Ortsbischöfe sollen entscheiden, ob und unter welchen Bedingungen wiederver-heiratete Geschiedene am kirchlichen Leben und an den Sakramenten teilnehmen können.

Die Ausführungen des Pontifex blieben ambivalent und wurden von den nationalen Bischofskonferenzen ganz unterschiedlich interpretiert. Wie zu erwarten war, reizten die deutschen Bischöfe den Spielraum im Sinne seelsorgerlicher Barmherzigkeit aus. Die Reformer erkennen in *Amoris laetitia* einen neuen barmherzigeren Ton, eine Aufwertung des Gewissens, überhaupt einen neuen pastoralen Spielraum. Großzügig sprechen sie von der »Amoris-Laetitia-Strategie«, mit der auch bei anderen Fragen der kirchlichen Moral auf das Gewissen der Gläubigen rekurriert werden könne. Zumal ja der Papst im Lehrschreiben offenkundig die Doktrin in den Dienst der Seelsorge stellen wollte, auch wenn er die Doktrin selber unverändert ließ. Wahrscheinlich gewollt drückte sich der Papst um eine eindeutige Entscheidung. Es wurde klar: Bei aller Prinzipientreue präsentiert sich Franziskus mehr als Seelsorger denn als Doktrinär.

Insgesamt wurde die Frage, ob Wiederverheiratete zur Kommunion dürfen, in einer Intensität diskutiert, als würde die Antwort über Sein und Nichtsein der Kirche, über Wohl und Wehe der christlichen Welt entscheiden. Hand aufs Herz: Wie viele Gläubige interessieren sich für oder halten sich an diese lehramtliche Weisung? Wie viele Partner in einer Zweiehe leben, wie es die Kirche bisher verlangte, wie Bruder und Schwester zusammen? Darf man ein Pontifikat wirklich weltoffen, zeitgemäß oder revolutionär nennen, wenn es die Zulassung der wiederverheiratet Geschiedenen zur Kommunion zur Schicksalsfrage macht? Vertritt *Amoris laetitia* tatsächlich eine offene Pastoral, gar eine neue Sexualmoral? Gewiss: Das Lehrschreiben hat das Pro- und Kontralager klar konturiert, zugleich aber im falschen Glauben geeint, dass auf dem Stuhl Petri ein Revolutionär sitze, der keinen Stein auf dem andern lassen wolle.

Rechte Revolte gegen »häretischen Papst«

Die Rechte zürnte und tobte. Die deutungsoffene Aussage der Fußnote 351 löste bei den Konservativen ein Beben aus – mit Nach-
beben, welche die Kirche bis heute erschüttern. Der mögliche Kom-
munionsempfang für wiederverheiratete Geschiedene sei ein Angriff
auf Jesu Gebot der Unauflöslichkeit der Ehe, ja der Anfang eines
Zersetzungsprozesses der Familien- und Sexualmoral. Vier stramm
konservative Kardinäle ersuchten Papst Franziskus am 19. September 2016 per Brief um eine Klarstellung: Joachim Meisner, Walter
Brandmüller, Carlo Caffarra und Raymond Burke.[7] Darin fragten
sie Papst Franziskus voller Zweifel (»*dubia*«), ob er willens sei, die
Lehre der Kirche zur unauflöslichen Ehe zu bewahren. Als sie nach
acht Wochen weder vom Papst noch von der Glaubenskongregation eine Antwort erhalten hatten, machten die von nun an »Dubia-
Kardinäle« genannten Eminenzen ihr Schreiben am 14. November
öffentlich.

Woraufhin zahlreiche Theologen und Professoren am 11. August
2017 dem Papst eine *Correctio filialis de haeresibus propagatis*, eine
»Brüderliche Zurechtweisung wegen Verbreitung von Häresien«[8] zu-
kommen ließen. Darin bezichtigten sie den Papst, in *Amoris laetitia* klar häretische Sätze zum Ehesakrament geäußert zu haben. Sie
warfen ihm vor, Ideen Martin Luthers aufgesessen zu sein und mit
dem Schreiben die Kirche in eine »beispiellose Krise« gestürzt zu
haben. Unbußfertigen Ehebrechern die Kommunion zu geben, sei
ein Bruch mit der immerwährenden Lehre der Kirche, eine ebenso
schwere Sünde wie der Ehebruch selber und infolgedessen häretisch.
Er, Papst Franziskus, habe diese Häresien im Schoß der Kirche verbreitet. Seit dem Mittelalter wurde kein Papst mehr zum Häretiker
gestempelt. Neben Tausenden von Gläubigen unterzeichneten das
Papier später 200 Theologen, Professoren und Intellektuelle von

rechts: darunter der deutsche Schriftsteller Martin Mosebach, der ehemalige Vatikanbank-Präsident Ettore Gotti Tedeschi und Bischof Bernard Fellay, der damalige Generalobere der traditionalistischen Piusbrüder.

Gläubige aus dem rechten Lager warfen dem Papst auch vor, die Kritiker von *Amoris laetitia* mit eiserner Hand abzustrafen. Obwohl der konservative deutsche Glaubenspräfekt Gerhard Ludwig Müller sich nicht explizit auf die Seite der »Dubia-Kardinäle« geschlagen hatte, wurde er von Franziskus am 30. Juni 2017 entlassen. Schon im Oktober 2013 hatte Müller im *Osservatore Romano* betont, dass Wiederverheiratete keine Sakramente erhalten dürften, weil die Unauflöslichkeit der Ehe unantastbar sei. Müller macht seither aus seinem Groll auf den Papst keinen Hehl. »Jeder Kritiker von *Amoris laetitia* wird hinausgeschmissen«, behauptete er in einem Interview. Mitarbeiter der römischen Kurie lebten in Angst, es herrsche unter Franziskus ein Klima der Verdächtigung.[9] Traditionalistische Katholiken argwöhnten, *Amoris laetitia* habe die Kirche gespalten. Womit sie auch von rechts das Narrativ des Reformers anheizten.

Marco Politi und das prägende Narrativ des Franziskus-Pontifikats

In der Beurteilung von *Amoris laetitia* als spaltendes, zumindest trennendes Lehrschreiben waren sich Reaktionäre und Reformer bald einig. Unmittelbar nach der ersten Familiensynode 2014 und den kontroversen Debatten erschien Marco Politis Buch *Franziskus unter Wölfen*, in dem dieser das mittlerweile zur gängigen Lesart gewordene Narrativ vom verhinderten Reformer zu entwickeln begann: »Die Familiensynode im Oktober 2014 ist die erste Machtprobe zwischen Konservativen und Reformern in Franziskus' Pontifikat«.[10]

Politi erkennt einen wachsenden Widerstand gegen Franziskus während der Synode und beklagt, mit welcher Härte die Konservativen zurückschlugen. Sie hätten die Versammlung zu einer Kehrtwende bewogen, so dass die Kommunion für Geschiedene und die Frage der Homosexualität nicht die Zweidrittelmehrheit erreicht hätten.[11]

Wie die Konservativen glaubt Politi im Prinzip, dass barmherziges Handeln eine Korrektur der Lehre nach sich ziehen müsste, was im Fall von Franziskus, wie sich immer wieder zeigte, gerade nicht der Fall ist. Schon die Titel der Kapitel in Politis Buch spiegeln dieses Narrativ vom Reformer, der an der Kurie aufläuft: »Das Ende der imperialen Kirche« oder »Das Programm der Revolution«, aber auch »Franziskus und die Wölfe« oder »Der Krieg der Kardinäle«. »Je länger Bergoglio im Amt ist, desto klarer formiert sich der Widerstand gegen die von ihm verfolgte Linie«.[12] Die Mehrheit der Kurie sei skeptisch bis ablehnend. Es sei klar geworden, dass sich Papst Franziskus in den vatikanischen Machtstrukturen nur auf eine Minderheit stützen könne. Seine Isolation sei groß, beklagt Politi.[13] Später wird er gar von einem »Bürgerkrieg« an der Kurie, vom »Kampf um Rom« sprechen.

Von Gegnern wie von Befürwortern wurde die Rezeption von *Amoris laetitia* vor allem auf die Debatte um das Ehesakrament verkürzt. Tatsächlich aber müssten sich die Konservativen durch das Lehrschreiben in weiten Teilen der Moraltheologie bestärkt sehen: Schließlich verurteilt es die »Gender-Ideologie« ebenso deutlich wie homosexuelle Beziehungen.

Kampf der »Gender-Ideologie«

Völlig im Kontrast zu der von ihm eingeforderten Barmherzigkeit verurteilt Franziskus im gleichen Lehrschreiben die Gender-Lehre als eine »Ideologie, die gemeinhin Gender genannt wird und die den Unterschied und die natürliche Aufeinander-Verwiesenheit von Mann und Frau leugnet«.[14] Sie stelle eine Gesellschaft ohne Geschlechterdifferenz in Aussicht und höhle die anthropologische Grundlage der Familie aus. Es sei beunruhigend, dass solche Ideologien versuchten, »sich als einzige Denkweise durchzusetzen und sogar die Erziehung der Kinder zu bestimmen.«

Darum ist *Amoris laetitia* für Katholikinnen und Katholiken, die sich eine Neuorientierung oder zumindest Öffnung der römisch-katholischen Lehre in diesen brennenden Fragen erhofft hatten, alles andere als ein Grund zur Freude. Die *Schweizer Interessengemeinschaft Feministischer Theologinnen* kritisiert in einer treffenden Stellungnahme vom April 2016, Franziskus versuche mit dieser Verurteilung »das traditionelle Modell der Familie und der ›natürlichen‹ (hierarchischen) Komplementarität der Geschlechter als gottgewollte Ordnung und ›natürliches‹ Fundament der Gesellschaft zu verteidigen«.[15] Nicht zuletzt mit dem Ziel, patriarchale Machtverhältnisse in Kirche und Gesellschaft aufrechtzuerhalten: Der Papst übernehme in dieser Frage den Wortlaut des Abschlussdokuments der Familiensynode. Dazu passe, dass im selben Paragrafen Gender-Theorien und moderne Reproduktionsmedizin unreflektiert zusammen genannt würden.

Neu sei die scharfe Kritik des Vatikans an der »Gender-Ideologie« nicht. »Bedenklich, aber nicht wirklich überraschend« ist für die Schweizer Feministinnen, »dass sie nun auch vom neuen Papst fortgeschrieben« werde. Sie weisen darauf hin, dass es seit der großen UNO-Weltfrauenkonferenz von Beijing (1995) eine regelrechte Kampagne des Vatikans gegen »Gender« gebe bzw. gegen das, was der Vatikan diesem Begriff unterstelle: »dass er nämlich die völlige Abschaffung der Unterschiede zwischen Mann und Frau propagiere, sodass der Mensch letztlich selbst bestimmen könne, welches Geschlecht er annehmen will. Die Umdeutung des Begriffs ›Gender‹

zu ›Gender-Ideologie‹ oder ›Genderismus‹ dient kirchlichen Kreisen dazu, gegen alles vorzugehen, das in ihren Augen die Fundamente der traditionellen patriarchalen Gesellschaftsordnung in Frage stellt, wie etwa die sexuellen und reproduktiven Rechte der Frauen, der Wandel der sozialen Geschlechterrollen und der kulturellen und religiösen Geschlechterkonzepte, Patchwork-Familien und Homo-Ehen.«[16]

Enttäuscht müssen die Frauen zur Kenntnis nehmen, dass auch der »Papst der Barmherzigkeit« nicht willens sei, an den traditionellen Fundamenten der kirchlichen Lehre zu rütteln. Zu diesen Fundamenten gehörten nach wie vor die Ehe »als ausschließliche und unauflösliche Vereinigung zwischen einem Mann und einer Frau« und die »Familie als natürliche, auf die Ehe gegründete Gemeinschaft«. Für andere Lebens- und Familienformen und Homo-Ehen gebe es keinen Platz: Die »eheähnlichen Gemeinschaften oder die Partnerschaften zwischen Personen gleichen Geschlechts, zum Beispiel, können nicht einfach mit der Ehe gleichgestellt werden«.[17] Auch werden weiterhin pauschal Verhütung und Abtreibung verurteilt.

Die Frauen mahnen darum zur Wachsamkeit, »wenn in kirchlichen und in rechtskonservativen Kreisen zum Kampf gegen die angebliche ›Gender-Ideologie‹ und für den Erhalt der traditionellen Familie aufgerufen wird«, wie dies (damals besonders virulent) in Polen, Frankreich, Spanien, Italien und der Slowakei geschehen sei. Es gehe »nicht nur um die Diskreditierung eines Begriffs und eines ganzen Wissenschaftszweigs«. Es gehe »um einen »Angriff auf unsere hart erkämpfte Freiheit und unser Selbstbestimmungsrecht als Frauen«, wie die damaligen Entwicklungen in Polen zeigten, »wo rechtskonservative Kreise im Verbund mit der katholischen Kirche das bereits sehr restriktive Abtreibungsgesetz nochmals verschärfen oder die Abtreibung gar ganz verbieten wollen.« »Was die kirchlichen und die rechtskonservativen Anti-Genderisten eint«, sei »der

Versuch, das Rad der Zeit zurückzudrehen und die gute alte Zeit patriarchaler Geschlechterordnungen und konservativer Wertsysteme wiederherzustellen.«[18]

Gayfriendly? Homosexuelle Beziehungen entsprechen nicht dem Plan Gottes

Amoris laetitia enthält auch Franziskus' erste lehramtliche Bewertung homosexueller Partnerschaften: eine klare Verurteilung. Die Enttäuschung war für jene umso manifester, die sich an seinen drei Jahre zuvor geäußerten Satz erinnerten, mit dem er ein so gewaltiges Echo ausgelöst hatte: »Wenn einer *Gay* ist, den Herrn sucht und guten Willen hat – wer bin dann ich, ihn zu verurteilen?« Wohlverstanden: Die Äußerungen in *Amoris laetitia* haben ein ganz anderes, nämlich ein lehramtliches Gewicht und sind die offizielle Lehrmeinung der Kirche. Der im Flugzeug mündlich und spontan geäußerte Satz dagegen ist unverbindlich und für einen nachfolgenden Papst nicht bindend.

Klipp und klar spricht sich Franziskus in *Amoris Laetitia* gegen die Homoehe aus und zitiert die Synodenväter: »Was die Pläne betrifft, die Verbindungen zwischen homosexuellen Personen der Ehe gleichzustellen, gibt es keinerlei Fundament dafür, zwischen den homosexuellen Lebensgemeinschaften und dem Plan Gottes über Ehe und Familie Analogien herzustellen, auch nicht in einem weiteren Sinn.«[19] Darum sei es auch unannehmbar, auf die Ortskirchen in dieser Frage Druck auszuüben; unannehmbar, wenn internationale Organisationen Finanzhilfen für arme Länder von einer gesetzlichen Einführung der gleichgeschlechtlichen Ehe abhängig machten.

Zwar gebe es eine große Vielfalt familiärer Lebenssituationen, »die einen gewissen Halt bieten können«. Aber, so der Papst: »Keine

widerrufliche oder der Weitergabe des Lebens verschlossene Vereinigung sichert uns die Zukunft der Gesellschaft.«[20] Man muss sich
das anhören: Es fehle das Fundament dafür, die Verbindungen von
homosexuellen Personen mit der Ehe gleichzustellen. Zum Thema
Homosexualität also der alte Refrain: Keine Diskriminierung, aber
auch keine Anerkennung. Franziskus selber hat immer wieder betont, es in Sachen Gleichgeschlechtlichkeit ganz mit dem Weltkatechismus zu halten: Danach ist Homosexuellen mit »Achtung, Mitleid und Takt zu begegnen«. »Man hüte sich, sie in irgendeiner Weise
ungerecht zurückzusetzen«, so der Weltkatechismus.[21] Zugleich
dekretiert er, dass die homosexuellen Handlungen in sich nicht in
Ordnung sind: »Sie verstoßen gegen das natürliche Gesetz, denn die
Weitergabe des Lebens bleibt beim Geschlechtsakt ausgeschlossen.
Sie entspringen nicht einer wahren affektiven und geschlechtlichen
Ergänzungsbedürftigkeit. Sie sind in keinem Fall zu billigen.«[22] Darum seien homosexuelle Menschen zur Keuschheit berufen.

»Den Sünder lieben, die Sünde verurteilen« ist Franziskus' Devi-
se. In *Amoris laetitia* fordert er wie der Weltkatechismus einen diskri-
minierungsfreien Umgang und Mitleid mit Homosexuellen, deren
Beziehung aber wertet er als Verstoß gegen die Naturordnung. Die
Homoehe hat für Franziskus keinerlei Analogie zur Heteroehe, eröffnet vielmehr den ideologischen Krieg gegen die Ehe als solche.

Da war es nur folgerichtig, dass der Vatikan am 15. März 2021
die Segnung homosexueller Partnerschaften verbot. In einem sogenannten *Responsum ad dubium* erklärte die Glaubenskongregation,
die katholische Kirche habe nicht die Vollmacht, gleichgeschlechtliche Verbindungen zu segnen. Es sei also »nicht erlaubt, Beziehungen
oder selbst stabilen Partnerschaften einen Segen zu erteilen«, die sich
außerhalb der sakramentalen Ehe zwischen Mann und Frau befin-
den.[23] Papst Franziskus hat die Veröffentlichung der Antwort und
der begleitenden Erläuterung »gutgeheißen«, die vom Präfekten und

vom Sekretär der Glaubenskongregation, Kardinal Luis Ladaria und Erzbischof Giacomo Morandi, unterzeichnet wurde.

Die Empörung war riesig, speziell in Deutschland, wo der Synodale Weg genau dies forderte: Homosexuelle Paare segnen zu können. Dem Verbot zum Trotz haben das unzählige Priester in Deutschland getan – demonstrativ und öffentlich. Die Bewegung *#OutInChurch* entstand, mit der sich erstmals unzählige Priester, Theologinnen und Theologen outeten. Der Protest muss auch dem Vatikan zu denken gegeben haben. Der neue im Juli 2023 ernannte Glaubenspräfekt Víctor Manuel Fernández meinte noch vor Amtsantritt, er könne sich vorstellen, über eine Segnung für homosexuelle Paare nachzudenken, solange sie nicht einer Eheschließung ähnele. Schließlich hatte auch Bergoglio eingetragene Partnerschaften gutgeheißen.

Tatsächlich vollzog die vatikanische Glaubensbehörde in der Erklärung *Fiducia supplicans* (*Flehendes Vertrauen*) vom 18. Dezember[24] eine Kehrtwende und erlaubte überraschend die Segnung von Paaren in »irregulären Beziehungen«, also auch von gleichgeschlechtlichen Paaren. Allerdings ist dieser Segen mit vielen Einschränkungen verbunden. Priester dürfen den Segen nicht im Rahmen eines Gottesdienstes und nicht als Teil der Liturgie spenden, da eine Verwechslung mit einer Eheschließung ausgeschlossen bleiben müsse. Die katholische Lehre, wonach die sexuelle Vereinigung nur innerhalb der Ehe von Mann und Frau erlaubt sei, bleibt unverändert.

Wörtlich heißt es: »Da die Kirche seit jeher nur solche sexuellen Beziehungen als sittlich erlaubt ansieht, die innerhalb der Ehe gelebt werden, ist sie nicht befugt, ihren liturgischen Segen zu erteilen, wenn dieser in irgendeiner Weise einer Verbindung, die sich als Ehe oder außereheliche sexuelle Praxis ausgibt, eine Form der sittlichen Legitimität verleihen könnte.«[25] Mit dem weiterentwickelten Verständnis des Segens sei es aber möglich, »Paare in irregulären Situationen und gleichgeschlechtliche Paare segnen zu können, ohne deren Status offiziell zu konvalidieren oder die beständige Lehre der Kirche über die Ehe in irgendeiner Weise zu verändern.«[26]

Die Erklärung weicht also nicht vom römischen Verständnis ab, wonach gelebte Homosexualität sündhaft ist, weil nicht dem Plan Gottes in seiner Schöpfung entsprechend. Der neu ermöglichte Segen will selbst sündigen Menschen vermitteln, »dass ihr himmlischer Vater fortfährt, trotz ihrer schwerwiegenden Fehler, weiterhin ihr Wohl zu wollen und zu hoffen, dass sie sich schlussendlich dem Guten öffnen«.[27]

Die vom neuen Glaubenspräfekten Víctor Fernández unterzeichnete und von Franziskus approbierte Erklärung folgt ganz dem pastoralen Impetus des Papstes, auch gegenüber Menschen »in Situationen, die aus objektiver Sicht moralisch inakzeptabel sind«,[28] Barmherzigkeit zu üben. Wiederum sieht sich Franziskus in der Rolle des Seelsorgers, ohne aber die Doktrin der Kirche anzutasten.

Das Dokument löste eine Lawine von kontroversen Stellungnahmen aus: Einige Bischofskonferenzen wie die deutsche, die französische und die schweizerische begrüßten es als Schritt vorwärts. Viele Reformkatholiken indessen empörten sich über das homophobe Dokument und seinen Segen zweiter oder dritter Klasse. Dezidiert ablehnend reagierten die Konservativen. Polens Bischofskonferenz, zahlreiche US-Bischöfe und (mit Ausnahme Nordafrikas) die afrikanischen Bischofskonferenzen lehnen es ab, solche Segen zu spenden. Letztere erklärten, das römische Dokument habe in Afrika eine »Schockwelle« und große Verwirrung ausgelöst. Die afrikanischen Bischöfe hielten es nicht für angemessen, homosexuelle Paare zu segnen. Im afrikanischen Kontext würde das Verwirrung stiften und im direkten Gegensatz zu den kulturellen Normen afrikanischer Gesellschaften stehen.

Die massive Opposition überraschte selbst den Vatikan, so dass sich Glaubenspräfekt Fernández gezwungen sah, eine Erläuterung nachzuschieben und den Segen noch mehr abzuschwächen: Es sei nur ein pastoraler und keinesfalls ein liturgischer und ritueller Segen. Er dürfe weder anlässlich einer standesamtlichen Feier noch in der Nähe des Altars stattfinden. Vielmehr solle der etwa an einer Wallfahrt spontan gesprochene Segen nur 10 bis 15 Sekunden dauern und etwa einen Wortlaut wie diesen haben: »Herr schau auf diese deine Kinder, gib ihnen Gesundheit, Arbeit und Frieden und gegenseitige Hilfe. Befreie sie von allem, was deinem Evangelium widerspricht, und gib ihnen, dass sie nach deinem Willen leben. Amen.«[29] Der derart ausgedünnte Segen erzürnte wiederum die Reformer, die teils von einem Segen light, von Gesundbeten oder gar von einem »Exorzismus to go« sprachen.[30]

Der halbherzig schwulenfreundliche Vorzeige-Priester James Martin

Wie glaubwürdig sind Franziskus' zahlreiche Begegnungen mit Menschen aus der LGBTQ-Community, zum Beispiel wenn er einer Transperson versicherte, Gott liebe uns, wie wir sind? Nicht von ungefähr ist Franziskus in einen freundschaftlichen Dialog mit dem amerikanischen Jesuitenpater James Martin getreten. Martin selber versteht sich seit dem Massaker in Orlando (Florida), bei dem im Juni 2016 in einem Schwulenlokal 49 Menschen getötet und 53 verletzt wurden, als Seelsorger der LGBTQ-Community. Auch als Kolumnist des Magazins *America* und in seinem Buch *Building a Bridge* plädierte er für ein barmherziges Zugehen auf Schwule und Lesben. Von den Konservativen wird er deswegen als häretisch gescholten. Dabei sagt der schwulenfreundliche Jesuit ganz explizit, dass er die Lehre der Kirche nicht ändern, vielmehr auf diese Menschen zugehen und sie nicht kriminalisieren wolle, ganz so, wie es der Weltkatechismus verlange. So verteidigte Martin im April 2023 in einem Interview mit dem Podcast *Himmelklar* Franziskus: »Ich spreche nicht für den Papst, aber ich kann sagen, dass sein Ansatz – so wie ich ihn sehe – vor allem pastoral ist, nicht theologisch. Er verändert nicht die Lehre, aber die Ansprache. Er ist pastoral, und Teil dieses pastoralen Ansatzes ist auch, sich gegen Ungerechtigkeiten auszusprechen, wie die Kriminalisierung von Homosexualität. Das macht ein Pastor, er beschützt seine Gemeinde«.[31]

Martin ist überzeugt, dass kein Papst so viel für die Sache der LGBTQ-Community getan hat wie Franziskus. Dieser hat ihn auch nach Kräften gefördert und zum Berater des Kommunikations-Dikasteriums im Vatikan ernannt. Martin wurde von Franziskus in Audienz empfangen und hat mit ihm in einem schriftlichen Austausch mehrfach ausführlich über LGBTQ-Seelsorge gesprochen. Darüber hinaus hat ihn Franziskus als einen der 18 Teilnehmer und Teilnehmerinnen aus den USA an die Weltsynode nach Rom eingeladen. Martin: »Ich empfinde da eine große Dankbarkeit nicht nur für seine persönliche Zusprache, sondern auch für das Signal, das das in die LGBTQ-Community setzt. Er ist bei dem Thema wirklich sehr besorgt, wie es jeder gute Pastor wäre.«[32]

Wie viele Vatikanisten und Papst-Versteher mit Zugang zum Papst wagt Martin nicht, Tacheles zu reden. Die Nähe zum Papst macht schwammig. Wiederum zeigt sich deutlich, dass Franziskus einen pastoralen Zugang praktiziert, ohne die Lehre ändern zu wollen. Er präsentiert sich als Seelsorger, nicht als Reformer. Man mag diesen Umgang mit Homosexuellen barmherzig nennen, glaubwürdig aber ist er nicht, sondern doppelzüngig.

Verpasste Dezentralisierung

Bleibt noch ein Aspekt von *Amoris laetitia* anzusprechen, der nicht die Inhalte, nicht die Ehe- und Sexualmoral betrifft, sondern die Kirchenstruktur. Franziskus hatte ja schon wiederholt geäußert, dass man die Kirche durch synodale Strukturen dezentralisieren, die nationalen Bischofskonferenzen aufwerten und das Papstprimat überdenken müsse. Auch Johannes Paul II. hatte so geredet.

Tatsächlich: Schon Monate nach seinem Amtsantritt wollte der Papst offenbar ernst machen mit der im Lehrschreiben *Evangelii gaudium* angekündigten Dezentralisierung und der Aufwertung der nationalen Bischofskonferenzen und der synodalen Ausrichtung der Kirche. Im ersten Konsistorium vom Februar 2014 ließ er die Kardinäle über die bevorstehende Familiensynode diskutieren und Kardinal Kasper ein Grundsatzreferat zum Thema Familie halten, wo dieser einen gewissen Spielraum für wiederverheiratete Geschiedene vorwegnahm. Schon Anfang November 2013, ein knappes Jahr vor der ersten Versammlung, hatte der Vatikan einen Fragebogen an die weltweiten Bischofskonferenzen geschickt, um die Meinung der Gläubigen zu eruieren: Die 38 Fragen drehten sich um Geschiedene, Homosexuelle und Paare in irregulären Situationen oder um den Umgang mit empfängnisverhütenden Mitteln. Manche Ortskirchen hatten den Fragebogen im Internet veröffentlicht. Jedenfalls offenbarten die Antworten eine tiefe Kluft zwischen kirchlicher Lehre und der Lebenswirklichkeit.

Unbekümmert über diese Kluft änderte Franziskus in *Amoris laetitia* weder die Lehre noch den Status der Weltbischofssynode. Hätte er es wirklich ernst gemeint mit seinen Versprechen, hätte er Schritte folgen lassen müssen. Er hätte etwa aus dem Beratungsorgan der Bischofssynode ein Entscheidungsgremium machen können. Die 1965 eingerichtete Weltbischofssynode, an der bis zum synodalen

Prozess über Synodalität, deren erste Synoden-Vollversammlung im Oktober 2023 im Vatikan stattfand, nur Delegierte der nationalen Bischofskonferenzen teilnahmen, gilt als kleine Form des Konzils. Mit dem entscheidenden Unterschied, dass sie anders als das Konzil keine Beschlüsse zuhanden des Papstes fasst, sondern ihm nur beratend Vorschläge unterbreiten kann. Das Kirchenrecht stelle es dem Papst freilich frei, dem Beratungsorgan Synode Entscheidungsgewalt zu übertragen.

Es stimmt auch nur beschränkt, dass Franziskus mit der Familiensynode eine neue Debattenkultur in der Kirche angeschoben hat. Unter den Bischöfen vielleicht. Es war aber gerade das große Defizit dieser Synode, dass sie sich kaum von Berufstheologen hat beraten lassen. Diese halten nämlich längst Antworten bereit, wie die Kirche mit gescheiterten Eheleuten umgehen soll, wie sie Homosexualität außerhalb des veralteten Naturrechts verstehen und die Gender-Theorie positiv bewerten kann. Zudem hat die Revolte der »Dubia-Kardinäle« die Rezeption von *Amoris laetitia* verfälscht: Immer ist von der barmherzigen Öffnung für wiederverheiratete Geschiedene die Rede, kaum aber von der unbarmherzigen Verurteilung der Gender-Lehre und der homosexuellen Beziehungen.

Anmerkungen

1   Wir sind Kirche, »Synode birgt Hoffnung auf positive Wende in der Kirchengeschichte«, Pressemitteilung vom 05.10.2014. Online: https://www.wir-sind-kirche.de/?id=128&id_entry=5528 (Stand: 08.01.2024).

2   Papst Franziskus, Nachsynodales Apostolisches Schreiben *Amoris laetitia*, Nr. 305, 19.03.2016. Online: https://www.vatican.va/content/francesco/de/apost_exhortations/documents/papa-francesco_esortazione-ap_20160319_amoris-laetitia.html (Stand: 08.01.2024).

3   Vgl. Agathe Lukassek, Auslegung von Fußnote 351 lehramtlich bestätigt. Franziskus-Brief zu Wiederverheirateten wird Kirchenlehre, katholisch.de,

04.12.2017. Online: https://www.katholisch.de/artikel/15702-auslegung-von-fussnote-351-lehramtlich-bestaetigt (Stand: 08.01.2024).

4 Franziskus, Amoris laetitia, Nr. 300.

5 Ebd., Nr. 3.

6 Ebd., Nr. 312.

7 Katholisches.info, Vier Kardinäle stellen sich Papst Franziskus mit fünf »Dubia« zu »Amoris laetitia« frontal in den Weg, 14.11.2016. Online: https://katholisches.info/2016/11/14/vier-kardinaele-stellen-sich-papst-franziskus-mit-fuenf-dubia-zu-amoris-laetitia-frontal-in-den-weg/ (Stand: 08.01.2024). Siehe auch Kilian Martin, Wenn Kardinäle Klarheit fordern. Kardinal Burke erklärt seinen Brief an Papst Franziskus, katholisch.de, 15.11.2016. Online: https://www.katholisch.de/artikel/11228-wenn-kardinaele-klarheit-fordern (Stand: 08.01.2024).

8 Correctio filialis de haeresibus propagatis, 16.07.2017. Online: https://www.correctiofilialis.org/wp-content/uploads/2017/08/Correctio-filialis_English_1.pdf (Stand: 08.01.2024).

9 Katholisches.info, Nach 54 Monaten herrscht in der Kirche ein »Klima der Angst und der Einschüchterung«, 2.10.2017.Online: https://katholisches.info/2017/10/02/pontifikat-franziskus-nach-54-monaten-herrscht-in-der-kirche-ein-klima-der-angst-und-der-einschuechterung/ (Stand: 08.01.2024).

10 Marco Politi, Franziskus unter Wölfen, Freiburg im Breisgau: Herder 2015, S. 183.

11 Ebd., S. 209.

12 Ebd., S. 173.

13 Ebd., S. 209-211.

14 Franziskus, Amoris laetitia, Nr. 56.

15 Schweizer IG Feministische Theologinnen, 15. April 2016. Online: https://feministische-theologinnen.ch/wp-content/uploads/2016/04/IG_Stellungnahme_AmorisLaetitia.pdf (Stand: 08.01.2024).

16 Ebd.

17 Ebd.

18 Ebd.

19 Franziskus, Amoris laetitia, Nr. 251.

20 Franziskus, Amoris laetitia, Nr. 52.

21 Katechismus der Katholischen Kirche, Nr. 2357–2359. Online: https://www.vatican.va/archive/DEU0035/__P8B.HTM (Stand: 08.01.2024).

22 Katechismus der Katholischen Kirche, Nr. 2357.

23 Kongregation für die Glaubenslehre, *Responsum ad dubium* über die Segnung von Verbindungen von Personen gleichen Geschlechts, 22.2.2021. Online: https://www.vatican.va/roman_curia/congregations/cfaith/documents/rc_con_cfaith_doc_20210222_responsum-dubium-unioni_ge.html (Stand: 08.01.2024).

24 Dikasterium für die Glaubenslehre, Erklärung *Fiducia supplicans* über die pastorale Sinngebung von Segnungen, 18.12.2023. Online: https://www.vatican.va/roman_curia/congregations/cfaith/documents/rc_ddf_doc_20231218_fiducia-supplicans_ge.html (Stand: 08.01.2024).

25 Ebd., Nr. 11.

26 Ebd., Präsentation.

27 Ebd., Nr. 27.

28 Ebd., Nr. 26.

29 Dikasterium für die Glaubenslehre, Pressemitteilung über die Rezipierung der Erklärung *Fiducia supplicans*, 04.01.2024. Online: https://www.vatican.va/roman_curia/congregations/cfaith/documents/rc_ddf_doc_20240104_comunicato-fiducia-supplicans_ge.html (Stand: 08.01.2024).

30 Björn Odendahl, Die Debatte um den Segen für homosexuelle Paare wird immer grotesker, katholisch.de, 04.01.2024. Online: https://katholisch.de/artikel/50069-die-debatte-um-den-segen-fuer-homosexuelle-paare-wird-immer-grotesker (Stand: 08.01.2024).

31 Renardo Schlegelmilch, Martin: Franziskus engagierter für LGBTQ-Menschen als jeder Vorgänger. Himmelklar – der katholische Podcast, 05.04.2023. Online: https://www.katholisch.de/artikel/44437-martin-franziskus-engagierter-fuer-lgbtq-menschen-als-jeder-vorgaenger (Stand: 08.01.2024).

32 Ebd.

Kapitel 3:
Halbherziger Kampf gegen Missbrauch, die Sexualmoral bleibt unverändert

Als Höhepunkt seiner Null-Toleranz-Politik ruft Franziskus vom 21. bis 24. Februar 2019 zu einem Anti-Missbrauchsgipfel (Kinderschutz-Konferenz) in den Vatikan. Während in der Synodenaula die 190 Teilnehmenden, darunter die Vorsitzenden der rund 110 nationalen Bischofskonferenzen, Vorträge hören und sich in Sprachgruppen austauschen, warten draußen auf dem Petersplatz Vertreter von Opfergruppen und Journalisten auf konkrete Ergebnisse. Opfervertreter wie Peter Isley, Sprecher des internationalen Netzwerks Ending Clergy Abuse und Matthias Katsch von der deutschen Opfervereinigung Eckiger Tisch veranstalten täglich Kundgebungen mit Missbrauchsopfern, sie organisieren Märsche und kommentieren gegenüber Medienleuten die täglichen Pressekonferenzen des Vatikans. Auch im Inneren der Synodenaula kommen zu Beginn fünf Opfer in Videoaufzeichnungen zu Wort. Die vier Männer und die eine Frau klagen ihr Leid, ja klagen Bischöfe wie Ordensobere an, ihnen nicht geglaubt zu haben. Franziskus verspricht vor den Kirchenoberen, die Regeln im Umgang mit fehlbaren Klerikern zu verschärfen und verfügt etwa, dass alle Missbrauchsfälle nach Rom gemeldet werden müssen. Statt aber die systemischen Ursachen des Missbrauchs anzugehen, gibt der Papst dem Teufel die Schuld – zur Bestürzung der Opfer. Den Zölibat hält er für nicht ursächlich bei den Vergehen der Priester. Überhaupt bleibt der Umgang des Papstes mit Missbrauch halbherzig, ambivalent. Missbrauchsbischöfe oder solche, die vertuscht haben, sanktioniert er nur selten, manche schützt er gar vor Strafverfolgung. Obwohl er offenbar erkannt hat, dass die Bischöfe die Schwachstelle bei der Missbrauchsbekämpfung sind. Einen verspro-

chenen eigenen Missbrauchsgerichtshof für Bischöfe aber richtet er nie ein. Aus der von ihm eingerichteten Kirchenschutzkommission treten prominente Mitglieder wieder aus.

Der epidemische Missbrauch durch Kleriker an Kindern und Jugendlichen beschert/e der katholischen Kirche die schlimmste Krise seit der Reformation. Die Krise ist hausgemacht, weil systembedingt, und überschattet das Pontifikat von Franziskus ganz erheblich. Obwohl schon unter Benedikt offiziell die Null-Toleranz-Devise galt, bleibt auch unter Franziskus Vieles im Argen.

Das UN-Komitee für Kinderrechte brachte im Februar 2014 die Malaise in einem Bericht mit diesen Worten auf den Punkt: Die katholische Kirche versuche noch immer, Missbrauchsvorwürfe selbst abzuklären, anstatt sie den Staatsanwaltschaften weiterzuleiten. Es gebe weiterhin Schweigegebote, Taten würden systematisch vertuscht, Täter einfach in andere Gemeinden oder gar andere Länder versetzt. Der Vatikan nehme das Ausmaß der Taten und die Notwendigkeit der Prävention nicht ernst genug; die Richtlinien verhinderten weiterhin, dass Missbrauch ausreichend bekämpft werde. Der Bericht verlangt, dass das Kirchenrecht so geändert werden solle, dass es der Kinderschutzkonvention der Vereinten Nationen entspreche, die der Vatikan bereits 1990 unterzeichnet hatte.[1]

Der Vatikan wies die Vorwürfe zurück und verbat sich, dass, wie im Bericht geschehen, das Thema Missbrauch mit einer grundsätzlichen Kritik an der katholischen Morallehre verknüpft werde, etwa an Verboten der Abtreibung, künstlicher Empfängnisverhütung und Homosexualität. Man lasse sich nicht in Belange der Lehre reinreden. Auch manche Kirchen-Insider halten die Kritik der UN für überzogen.

Es war das Jahr 2018, das dann für Franziskus zum *annus horribilis* in Sachen Missbrauch wurde. Zahlreiche Fälle von Bischöfen und Kardinälen, die missbraucht oder vertuscht hatten, nicht nur in Chile (mehr dazu unten), flogen auf. Schließlich geriet er selber wegen Vertuschung unter Druck. Die ZDF-Dokumentation vom Mai 2018 *Das Schweigen der Hirten*[2] warf ihm die Vertuschung eines krassen Missbrauchsfalls in seiner Heimat vor. Es ging um den äußerst populären argentinischen Fernsehprediger Julio Cesar Grassi, der in den Heimen seiner Stiftung Felices los Niños (Selig die Kinder) Waisenkinder missbraucht hatte. Grassi wurde 2009 zu 15 Jahren Gefängnis verurteilt. Als Präsident der argentinischen Bischofskonferenz hatte damals Erzbischof Jorge Mario Bergoglio ein Entlastungsgutachten für den internen Gebrauch ausarbeiten lassen. In dem 2600-seitigen Bericht werden etwa Kindern, die Opfer von Grassi wurden, Lügen und Falschaussagen unterstellt. Franziskus soll damals persönlich das Buch Richtern zugestellt haben, um auf sie Einfluss zu nehmen und Grassi zu entlasten, wie ein Richter in der Dokumentation aussagte. Franziskus bestritt die Vorwürfe. Dennoch kam er innerkirchlich wie gesellschaftlich immer mehr unter Druck, etwas gegen den Missbrauch zu unternehmen. So lud er im Februar 2019 die Vorsitzenden der Bischofskonferenzen, Ordensleute und die Spitzen der römischen Kurie zu einem Missbrauchsgipfel ein: 190 Teilnehmer, darunter lediglich zehn Frauen, debattierten über Prävention, Transparenz und Öffnung der Archive, über Sanktionen gegen Missbrauchspriester, Statistiken der nachlässigen Bischöfe oder über zu schaffende Richtlinien, Anlaufstellen und Verwaltungsgerichte. Verbindliche Beschlüsse aber durften sie nicht verabschieden.

Gleich zum Auftakt des Gipfels ließ Franziskus einen Katalog von »21 Punkten zur Reflexion«[3] verteilen. Sie sollten die Grundlage sein, über konkrete Maßnahmen zu diskutieren. Da wird etwa die Schaffung von kirchenunabhängigen Stellen verlangt, die mit Klerikern und Laien besetzt sind und bei der Opfer Missbrauch anzeigen können. Es sollen staatliche Behörden und die übergeordneten kirchlichen Stellen nach kanonischem und zivilem Recht informiert werden. Des Weiteren werden Regeln und Programme für Seminaristen, Priesteramts- und Ordenskandidaten vorgeschlagen zur Stärkung ihrer menschlichen, geistigen und psychosexuellen Reife. Bei Ordens- und Priesteramtskandidaten wird zudem die Durchführung psychologischer Abklärungen durch qualifizierte Experten gefordert.

In seiner Rede zum Auftakt vor den Kirchenoberen verlangte Franziskus konkrete Maßnahmen, um das Übel des sexuellen Missbrauchs zu bekämpfen. Das Volk Gottes erwarte »nicht einfache selbstverständliche Verurteilungen«, so der Papst in der Synodenaula des Vatikans.[4] Man solle sich vom Heiligen Geist leiten lassen, »um dem Schrei der Kleinen Gehör zu schenken, die Gerechtigkeit verlangen.«[5] Er erinnerte die Vorsitzenden der Bischofskonferenzen an ihre Verantwortung und verlangte von ihnen »Furchtlosigkeit und Konkretheit«.[6]

In der Schlussansprache drei Tage später in der Sala Regia schlug er andere Töne an und begann, »Druck der medialen Welt« auf die Kirche zu kritisieren, den »Gerechtigkeitswahn«, der von der medialen Welt gegen die Kirche ins Feld geführt werde. Die Kirche müsse sich »über alle ideologischen Polemiken und die journalistischen Kalküle erheben, die oftmals die von den Kleinen durchlebten Dramen aus verschiedenen Interessen instrumentalisieren«.[7] Die Vertreter der Opferverbände zeigten sich tief befremdet: Sind etwa die Berichte über Kindesmissbrauch ungeheuerlicher als die Untaten der Priester?

Für Kopfschütteln sorgte auch, dass der Papst mit Verweis auf den Kindsmissbrauch als universales Phänomen die Verbrechen der Kleriker zu relativieren suchte, um schließlich den Teufel als Urheber des Bösen ins Feld zu führen: »Die gottgeweihte Person, die von

Gott auserwählt wurde, um die Seelen zum Heil zu führen, lässt sich von ihrer menschlichen Schwäche oder ihrer Krankheit versklaven und wird so zu einem Werkzeug Satans.«[8] Und: »In den Missbräuchen sehen wir die Hand des Bösen, das nicht einmal die Unschuld der Kinder verschont. Es gibt keine ausreichenden Erklärungen für diese Missbräuche gegenüber Kindern.«[9] Demütig und beherzt müsse man anerkennen, dass wir »vor dem Geheimnis des Bösen« stehen. Die Kirche fühle sich gerufen, »dieses Übel zu bekämpfen, das das Herzstück ihrer Mission berührt: das Evangelium den Kleinen zu verkünden und sie vor den reißenden Wölfen zu schützen«.[10] Er appellierte an die Brüder und Schwestern: »Heute stehen wir vor einer unverschämten, aggressiven und zerstörerischen Offenbarwerdung des Bösen. Dahinter und darin steckt dieser Geist des Bösen, der sich in seinem Stolz und seinem Hochmut als der Herr der Welt wähnt und denkt, gesiegt zu haben.«[11]

Die Rede des Papstes irritierte und erzürnte nicht nur die Opfer, sondern auch namhafte Theologen. Der Rekurs auf den Teufel und »das Geheimnis des Bösen« machte sie ratlos: Ist der Teufel schuld an der Malaise des klerikalen Missbrauchs, nicht die Priester und die Bischöfe? Der deutsche Kirchenrechtler Thomas Schüller bezeichnete die Rede als »Fiasko«, als »vertane Chance«, ja als »das Ende des Pontifikats in dem Sinne, dass Franziskus nicht als Reformer in die Geschichte eingehen wird, sondern als Bewahrer.«[12] Und Matthias Katsch vom *Eckigen Tisch* kommentierte: »Die Rede des Papstes ist der schamlose Versuch, sich an die Spitze einer Bewegung zu setzen, ohne sich der Schuld und dem Versagen zu stellen und wirkliche Veränderung anzugehen«.[13]

Systemische Ursachen bleiben außen vor

Wenn der Teufel schuld ist an den Verbrechen gegen die Kleinen, erübrigt es sich, nach systemischen Ursachen in der Kirche zu forschen. Im September 2022, also lange nach der Synode, stellte Franziskus in einem Interview mit dem Fernsehsender *CNN Portugal* klar, dass es keinen Zusammenhang zwischen sexuellem Missbrauch und dem Zölibat gebe.[14] Vielmehr führte er abermals die »zerstörerische, menschlich teuflische« Natur des Missbrauchs ins Feld. Missbrauch geschehe auch an Orten, wo es den Zölibat nicht gebe, vor allem in den Familien. Man müsse sich aber besonders der »Monstrosität eines Kirchenmannes oder einer Kirchenfrau« bewusstwerden, die »psychisch krank oder böse ist und ihre Position zur persönlichen Befriedigung ausnutzt«.[15]

Schon am Missbrauchsgipfel war klar geworden, dass der Papst die systemischen Ursachen des Missbrauchs nicht angehen mochte oder sie einfach ignorierte. Dabei hatten viele Theologen genau dies erwartet. Allen voran der Jesuitenpater Klaus Mertes, der 2010 am Canisius-Kolleg in Berlin die Missbrauchsdebatte ins Rollen gebracht hatte. Er hatte vom Gipfel erwartet, dass die Ursachen sexuellen Missbrauchs innerhalb der Kirche, die seiner Ansicht nach systemisch sind, auf den Tisch gelegt und nicht länger bestritten werden. Zugleich forderte er, »dass nicht mehr unterstellt wird, über solche Dinge zu sprechen, bedeute, den Missbrauch zu instrumentalisieren«, so der damalige Direktor des Kollegs St. Blasien im Gespräch mit *Domradio*. Der Jesuit warnte: Wenn die Kirche jetzt nichts unternehme, dann werde sie in zehn oder 20 Jahren »noch tiefer rangehen« müssen. »Dann wird es sicher noch mehr knallen als jetzt.«[16]

Interessant zu erwähnen ist in diesem Zusammenhang, dass die deutsche *MHG-Studie*, die von 2014 bis 2018 den Missbrauch in der deutschen Kirche und die sie begünstigenden Strukturen untersuchte, im Zölibat durchaus einen möglichen Risikofaktor für sexuellen Missbrauch sieht. Demgegenüber leugnet die französische Missbrauchstudie, der *Sauvé-Bericht*, benannt nach ihrem Leiter Jean-Marc Sauvé, jeglichen Zusammenhang und spricht lieber von einer Überbewertung des Zölibats. So sagte Sauvé im Interview mit der *Tagespost* im November 2021, die Position seines Berichts weiche von derjenigen der *MHG-Studie* ab. »Wir stellen in unserem Bericht klar, dass es keinen kausalen Zusammenhang zwischen priesterlichem Zölibat und sexuellem Missbrauch gibt. (...) Möglicherweise gab es jedoch eine übertriebene Vorstellung vom Zölibat, die den Einfluss von klerikalen Tätern auf ihre Opfer begünstigt und verstärkt haben kann. (...) Der Zölibat selbst ist keine Ursache für Missbrauch«.[17]

Sauvé räumte ein, »in einigen Fällen könnte der Zölibat zu einem sakralisierten Bild des Priesters beigetragen und damit die Autorität der Priester gegenüber den Betroffenen gestärkt haben.«[18] Er argumentiert also gleich wie Franziskus in seinem *Schreiben an das Volk Gottes* vom April 2018, wo dieser den Klerikalismus als eine »anomale Verständnisweise von Autorität in der Kirche« bezeichnete.[19] Diese sei sehr verbreitet in Gemeinschaften, in denen sich sexueller Missbrauch und Macht- oder Gewissensmissbrauch zutrage. Klerikalismus erzeuge »eine Spaltung im Leib der Kirche«. »Zum Missbrauch Nein zu sagen, heißt zu jeder Form von Klerikalismus mit Nachdruck Nein zu sagen.«[20] Immer wieder geißelt er den Klerikalismus, mit dem sich selbstsüchtige Priester über die Laien erheben, ja sie erniedrigen. Ist das nicht zu kurz gedacht? Müsste die päpstliche Kritik am Klerikalismus, die leitmotivisch seine Reden durchzieht, nicht auf eine Kritik am Zölibat hinauslaufen?

Das große Manko des Gipfels war es, dass er selbstreferenziell geblieben ist. Papst und Bischöfe berieten unter sich und waren nicht bereit, das System zu hinterfragen. Völlig selbstverständlich haben die Bischöfe an ihrem Heiligen Stand aus zölibatär lebenden Männern festgehalten. Wider besseres Wissen halten sie daran fest, dass Sexualverzicht lebbar und der Zölibat kein Risikofaktor für Missbrauch ist. Selbst der so aufgeschlossene und viel zitierte Jesuit Hans Zollner, Leiter des römischen Kinderschutzzentrums und Mitorganisator des Gipfels, behauptete: »Zu erwarten, dass durch die Aufhebung des Zölibats der Missbrauch ein für alle Mal verschwindet, ist sehr falsch.«[21]

Mag sein, dass es da keinen ursächlichen Zusammenhang gibt. Aber das zölibatäre Priesteramt hat immer schon Männer angezogen, die mit ihrer Sexualität nicht zurechtkommen, die sie verdrängen oder verbergen. Solange Papst und Bischöfe am Ideal enthaltsamer Geistlicher und damit gekoppelt am Ausschluss der Frau von Weihe- und Leitungsämtern festhalten, bleiben die Ursachen für den Missbrauch bestehen. Bezeichnenderweise war auch der Missbrauch an Frauen und Nonnen bei dem Gipfel nur am Rande Thema, obwohl es dazu immer mehr Berichte gab. Das Frauenmagazin der Vatikanzeitung *Osservatore Romano* kritisierte im Februar 2019 das Verschweigen von Missbrauch an Ordensfrauen.[22] So hätten Ordensschwestern in Afrika und anderen Kontinenten bereits in den 90er-Jahren das Thema öffentlich gemacht, schreibt Autorin Lucetta Scaraffia. Trotzdem hätten die kirchlichen Autoritäten nichts unternommen.

Papst verschärft Regeln

Schon Monate nach dem Anti-Missbrauchsgipfel legte Franziskus zwei Dokumente zur Missbrauchsbekämpfung vor. In der am 17. Dezember 2019 veröffentlichten Instruktion *Sulla riservatezza delle cause* (*Über die Vertraulichkeit der Fälle*) schaffte er das Päpstliche Geheimnis bei der Verfolgung von Missbrauchsstraftaten ab.[23] Konkret: Er nimmt kirchliche Strafverfahren zu sexuellen Handlungen unter Gewalt, Drohung oder Amtsmissbrauch vom Siegel besonderer Geheimhaltung aus. Gleiches gilt für sexuelle Handlungen mit Minderjährigen, Besitz und Verbreitung von kinderpornografischem Material sowie Vertuschung. Damit können Opfer und allfällige Zeugen nicht zu Geheimhaltung verpflichtet und eine bestehende staatliche Anzeigepflicht nicht behindert werden. Auch wird damit die Zusammenarbeit zwischen kirchlicher und weltlicher Justiz erleichtert. Das Beichtgeheimnis aber bleibt gewahrt. Die Maßnahme wurde fast durchwegs begrüßt.

Bereits im Mai 2019 hatte Franziskus im Motu proprio *Vos estis lux mundi* (*Ihr seid das Licht der Welt*) Regeln zur Missbrauchsbekämpfung vorgelegt. Es richtete sich an alle Kleriker und Ordensleute der Weltkirche und besonders an die Bischöfe. (Am 25.3.2023 bestätigte und verschärfte er das Motu proprio). Die auf den ersten Blick spektakulärste Neuerung im päpstlichen Erlass ist die Einführung einer in der ganzen Weltkirche geltenden Meldepflicht: Laut dem neuen Gesetz sind alle Kleriker oder deren Mitarbeiter, denen Berichte über sexuellen Missbrauch oder Vertuschung zu Ohren kommen, verpflichtet, dies unverzüglich an die zuständige kirchliche Autorität – in der Regel an den Bischof – zu melden.[24]

Eine Meldepflicht an staatliche Stellen ist zwar nicht vorgesehen. Aber: Die Verpflichtung zur Anzeige an die kirchlichen Autoritäten beeinträchtige oder ändere keineswegs andere Meldepflichten, die in den zivilen Rechtssystemen vorgesehen sind, betonte der Chefredakteur der vatikanischen Kommunikations-Behörde Andrea Tornielli.[25] In jedem Fall seien die Bischöfe verpflichtet, die zivile Justiz bei ihren Ermittlungen zu unterstützen. Das war bisher nicht immer so. Im päpstlichen Schreiben wird außerdem der Kreis der möglichen Opfer erweitert: Anzeigepflichtig ist nicht mehr allein die sexuelle Gewalt an Minderjährigen, sondern ganz allgemein sexuelle Gewalt oder Belästigung durch den Missbrauch von Autorität – also etwa auch der Missbrauch von Ordensfrauen durch Priester.

Eine der wichtigsten, wenn nicht die wichtigste Neuerung des Motu proprio ist zweifellos die Fokussierung auf die Bischöfe – also auf diejenigen kirchlichen Führungskräfte, die bisher nur allzu oft von Missbrauchsfällen Kenntnis hatten, dann aber untätig blieben, die Täter schützten oder die fehlbaren Priester einfach in eine andere Pfarrei versetzten. Das neue päpstliche Gesetz sieht erstmals Verfahrensregeln für Ermittlungen gegen Bischöfe, Kardinäle und Ordensobere vor, die vertuscht oder selber sexuellen Missbrauch begangen haben. In diesem Fall werden die Metropolitan-Erzbischöfe (in Deutschland sind das die Erzbischöfe von Köln, München, Berlin, Hamburg, Paderborn, Bamberg und Freiburg) mit der Leitung des Verfahrens betraut. Zu ihrer Unterstützung können sie auch externe Fachleute beiziehen.[26]

Doch auch diese Maßnahme ist ungenügend. Missbrauchsopfer hatten seit langem eine unabhängige, von Laien geführte Instanz an der Kurie für fehlbare Bischöfe und Kardinäle verlangt. Denn es wurde immer offensichtlicher, dass die Vertuschung des Missbrauchs von den Kirchenspitzen ausgeht, dass Bischöfe Täter geschützt, sie bestenfalls versetzt haben. Was die weltweit über 5000 Bischöfe angeht, konnte bisher nur der Papst allein diese sanktionieren oder absetzen. Eine totale Überforderung. 2015 sickerte durch, dass Franziskus persönlich eine unabhängige Gerichtsinstanz zur Ahndung der Vertuschung von Missbrauchsfällen durch Bischöfe bei der Glaubenskongregation einrichten wollte sowie einen Artikel zum Tatbestand des »Missbrauchs des Bischofsamts« im vatikanischen Strafrecht.[27]

Von dieser Idee war der Papst dann aber wieder abgekommen, weil er damit wohl die Führungsriege der Kirche erheblich geschwächt hätte. Schließlich war die Vertuschung des Missbrauchs und die Versetzung der Täter in der Kirche gang und gäbe. Gemäß dem Motu proprio von 2019 indessen sollen sich die Bischöfe selber kontrollieren. Die obersten Bischöfe einer Provinz werden mit den Verfahren betraut, die zur Absetzung von Bischöfen führen können, sofern diese einer Anzeige nicht nachgegangen sind oder überführte Missbrauchspriester nicht entlassen haben.

Trotz Missbrauchsgipfel und erklärter Null-Toleranz bleibt Franziskus' Kampf gegen Kindsmissbrauch halbherzig. Die Unzahl der der Vertuschung oder des Missbrauchs beschuldigten Bischöfe stellt ihre Eigenkontrolle ganz grundsätzlich in Frage.

Der Fisch stinkt vom Kopf her – Fehlbare Bischöfe zuhauf

Der Fisch stinkt vom Kopf her. Im Pontifikat von Franziskus sind auffallend viele Fälle von Bischöfen und Kardinälen, die missbraucht oder vertuscht haben, ans Licht gekommen – besonders häufig in Lateinamerika, wo das Thema, durch den Machismo verschärft, noch immer ein Tabu ist. Manche dieser fehlbaren Bischöfe hat Franziskus sanktioniert, andere im Amt belassen oder sie gar befördert. Zahlreiche bekannt gewordene Fälle hat er auch einfach totgeschwiegen.

Der Missbrauchs-Gipfel im Vatikan hatte eine weitere brisante Vorgeschichte, bei der ein Kardinal die Hauptrolle spielte: Theodore McCarrick, während Jahrzehnten eine der wichtigsten Persönlichkeiten des US-Katholizismus. Im Sommer 2018 wurden seine Jahrzehnte zurückliegenden homosexuellen Übergriffe bekannt. Der US-Journalist Rod Dreher schilderte, gestützt auf Gerichtsdokumente und eigene Recherchen, wie McCarrick seine Macht als Priester, Bischof und Erzbischof systematisch zur sexuellen Ausbeutung von ihm untergebenen Seminaristen und Priesteranwärtern ausgenutzt hatte.[28] McCarrick soll zwischen 1970 und 1990 zahlreiche Priesteramtskandidaten sexuell belästigt und mindestens sieben Minderjährige missbraucht haben. In einer regelrechten Anklageschrift warf der ehemalige Nuntius in den USA, Erzbischof Carlo Maria Viganò, im August 2018 Franziskus vor, er habe von den Übergriffen gewusst und die bereits von Papst Benedikt verhängten Sanktionen gegen den Täter McCarrick missachtet und ihn dessen ungeachtet zum Berater und Sonderbeauftragten für die USA gemacht.[29] Im Juli 2018 dann wurde publik, dass der Papst den Rücktritt McCarricks als Mitglied des Kardinalskollegiums angenommen und den 88-jährigen geheißen hat, seinen Lebensabend in Gebet und Buße zu verbringen. McCarrick ist der erste Kardinal der Neuzeit, der aus dem Klerikerstand entlassen wurde. Das war unmittelbar vor dem Anti-Missbrauchsgipfel.

Auch sonst hat Franziskus in Fällen von fehlbaren Bischöfen äußerst ambivalent agiert, speziell wenn es sich um seine Schützlinge handelte. So im Fall Gustavo Óscar Zanchetta, den der frisch gekürte Papst im Juli 2013 zum Bischof von Orán im Norden Argentiniens ernannt hatte. Im Juli 2017 verschwand Zanchetta plötzlich aus Orán und tauchte Monate später in Rom auf, wo Franziskus seine schützende Hand über ihn legte und ihn auf einen eigens für ihn geschaffenen Posten in der Apostolischen Güterverwaltung hievte. Alsbald erreichte Zanchetta der Vorwurf, in seiner Zeit als Bischof von Orán zwei Seminaristen missbraucht zu haben.[30] Im März 2022 wurde er zu viereinhalb Jahren Gefängnis wegen sexuellen Missbrauchs von Seminaristen verurteilt, erreichte aber aus gesundheitlichen Gründen eine Verlegung in ein kirchliches Altenheim.

Noch viel ungünstigere Schlagzeilen machte Franziskus bei der Missbrauchsbewältigung in Chile. Seine Reise im Januar 2018 dorthin geriet zum Desaster. Das Land wurde gerade durch die krassen

Pädophiliefälle des Priesters Fernando Karadima erschüttert, die der chilenischen Kirche eine schwere Krise bescherten. Karadima war ein erzkonservativer Priester im Reichenviertel Providencia der chilenischen Hauptstadt und ein Anhänger von Diktator Augusto Pinochet. Jahrelang konnte er Minderjährige sexuell missbrauchen und wurde dabei von den Kirchenoberen gedeckt. 2010 gingen abermals drei Missbrauchsopfer an die Öffentlichkeit. Erst im September 2018 entließ Franziskus den 88-jährigen Karadima aus dem Klerikerstand. Der Fall hatte das Kirchenoberhaupt zuvor in große Schwierigkeiten gebracht. Er hatte 2015 den Karadima-Schüler Juan Barros gegen massive Proteste zum Bischof von Osorno ernannt und die gegen ihn erhobenen Vorwürfe der Vertuschung später während seiner Chile-Reise 2018 als »Verleumdungen« abgetan. Man hatte ihm offenbar vorenthalten, dass Barros eine Schlüsselfigur bei der Vertuschung des Missbrauchsskandals um Pfarrer Karadima war. Das bestätigte im März 2018 ein 2300-seitiger vatikanischer Untersuchungsbericht zum Missbrauchsskandal um Barros und weitere Verantwortliche. Danach gestand der Papst in einem Schreiben an die chilenischen Bischöfe »schwerwiegende Fehler« bei der Beurteilung des Falles ein.[31]

Mitte Mai dann reiste der gesamte chilenische Episkopat nach Rom zu Franziskus, der ihnen schwere Vorwürfe machte: Sie hätten ihn falsch informiert, sie hätten Macht und Gewissen missbraucht. In einem beispiellosen Vorgang boten 34 chilenische Bischöfe dem Papst ihren Rücktritt an. Franziskus entließ daraufhin zwei von ihnen sowie Barros. Im November dann trat der ehemalige Erzbischof von Santiago de Chile, Kardinal Francisco Xavier Errázuriz Ossa, ein Vertrauter des Papstes, aus dem K9-Rat zurück, dem er fünf Jahre angehört hatte. Ihm hatten Missbrauchsopfer vorgeworfen, bei der Einschätzung des umstrittenen Bischofs Juan Barros falsche Informationen weitergegeben zu haben – auch an den Papst.

Damit nicht genug: Nach Errázuriz Ossa schied auch Kardinal George Pell aus dem zentralen Beratungsgremium des Papstes aus, nachdem er mit ähnlichen Vorwürfen konfrontiert worden war. Franziskus selber hatte 2014 den damals schon unter Beschuss geratenen Australier George Pell nach Rom gerufen, um ihm den einflussreichen Posten an der Spitze des neu geschaffenen Wirtschaftssekretariats im Vatikan zu übertragen. Des Missbrauchs und der Vertuschung beschuldigt, wurde dem Kurienkardinal der Prozess gemacht. Er reiste deshalb nach Australien, wo ihn ein Gericht in Melbourne wegen angeblichen sexuellen Missbrauchs verurteilte. 2020 wurde er in letzter Instanz freigesprochen. Noch kurz vor seinem Tod nannte der erzkonservative Kirchenmann das Pontifikat seines Mentors Franziskus eine »Katastrophe« und den Synodalen Prozess einen »toxischen Alptraum«.[32]

Auch der Koordinator des Kardinalrats und enge Freund von Franziskus geriet unter Verdacht: Kardinal Óscar Rodriguez Maradiaga aus Honduras. Er hatte seinen Weihbischof Juan José Pineda gedeckt, der Seminaristen sexuell belästigt haben soll. Der Papst schickte einen Gesandten nach Honduras, um die Vorwürfe zu untersuchen. Es ging auch um Veruntreuung von Geldern, in die Kardinal Rodriguez selbst verwickelt gewesen sein soll. Am 20. Juli 2018 dann trat Weihbischof Pineda ohne Angabe von Gründen von seinem Amt zurück.

Einen regelrechten Aderlass von Bischöfen, die vertuscht oder missbraucht haben, erlebt/e der französische Episkopat. Elf amtierende oder emeritierte Bischöfe, darunter zwei Kardinäle sind vor kirchlichen oder zivilen Gerichten wegen sexueller Gewalt angeklagt. Kardinal Jean-Pierre Ricard, der frühere Erzbischof von Bordeaux, zum Beispiel hatte ein »verwerfliches« Verhalten gegenüber einer 14-jährigen Minderjährigen vor 35 Jahren zugegeben.[33] Hohe Wellen schlug der Fall Michel Santier: Der Bischof von Créteil war 2022 vom Vatikan in den Ruhestand versetzt worden, doch erst viel später stellte sich heraus, dass das wegen Missbrauchs geschehen war.[34] Selbst den Erzbischof von Paris, Michel Aupetit entließ Franziskus wegen einer angeblichen früheren Beziehung zu einer Frau;[35] die Staatsanwaltschaft hat das Verfahren inzwischen eingestellt. Für die meisten Schlagzeilen sorgte der Fall von Kardinal Philippe Barbarin, Erzbischof von Lyon, der nach zermürbenden Verfahren im Januar 2020 im Berufungsverfahren vom Vorwurf der Nichtanzeige sexueller Übergriffe freigesprochen wurde. Unmittelbar nach dem Freispruch nahm Franziskus Kardinal Barbarins Rücktrittsgesuch an.[36]

Beim jüngsten Missbrauchsfall, bei dem Franziskus eine höchst undurchsichtige Rolle spielte, handelt es sich nicht um einen Bischof, aber um einen weltberühmten Jesuiten und Künstlerpriester: Der Slowene Marko Ivan Rupnik, ein persönlicher Freund des Papstes mit guten Kontakten auch zu Kurienkardinälen. Seine Mosaike schmücken Kirchen weltweit, sogar eine Kapelle im Apostolischen Palast des Vatikans. Auch das Logo für das von Franziskus ausgerufene »Jahr der Barmherzigkeit« hatte er entworfen. Rupnik soll als Geistlicher Berater der Loyola-Gemeinschaft in Slowenien Frauen, auch Nonnen zu Sex genötigt und seine Übergriffe als Gott wohlgefällig angepriesen haben. Ihm werden emotionale, sexuelle und spirituelle Gewalttaten und ein schwerer Missbrauch des Beichtsakraments zur Last gelegt. Offenbar war es Franziskus selbst, der seine schützende Hand über ihn legte, indem er die Exkommunikation, die das Glaubensdikasterium gegen den Jesuiten verhängt hatte, innerhalb weniger Stunden aufhob und dann dieselbe Kongregation veranlasste, ein weiteres Verfahren wegen Verjährung einzustellen. Als sich Rupnik den Auflagen seines Ordens widersetzte, wurde er im Juni 2023 vom Jesuitenorden ausgeschlossen.[37]

Insgesamt hat man das Gefühl, dass Franziskus seine eigene Doktrin der Null-Toleranz bestenfalls halbherzig umsetzt. Er wurstelt sich durch, schützt Täter und verfügt teils ungenügende Maßnahmen. Vor allem mag er die systemischen Ursachen des Missbrauchs nicht angehen. Stattdessen sucht man nach Tools und Tests, um Priester- und Ordenskandidaten auf ihre Eignung für die zölibatäre Lebensform zu prüfen und ihre »menschliche, geistliche und psychosexuelle Reife« zu festigen.[38] Wie soll man sich das vorstellen, als akademische Trockenübung? Wie will man die psychosexuelle Reife von zur Abstinenz verpflichteten angehenden Priestern messen? Die Kirche hat nicht verstanden, dass der abgespaltene Trieb der Geistlichen seine Rechnung in Form des massenhaften Missbrauchs präsentiert.

In dem Pontifikat von Franziskus sind so viele Missbrauchsfälle an die Oberfläche getreten wie nie zuvor – ob in Irland, Amerika, Deutschland, Frankreich, Polen oder der Schweiz. Keine Frage: Er fährt in seinem Pontifikat eine Negativ-Ernte ein, die großenteils in früheren Pontifikaten gesät wurde. Vor allem zahlt Franziskus die Rechnung für den heiligen Johannes Paul II., der systematisch weggeschaut hatte, gerade bei den notorischen Pädophilen, dem Wiener Kardinal Hans Hermann Groër oder bei Marcial Maciel, Gründer der *Legionäre Christi*. Aktuell kommt der systemische Missbrauch in den neuen geistlichen Gemeinschaften an den Tag, die in den 70er und 80er Jahren wie Pilze aus dem Boden schossen und von Johannes Paul II. als »neuer Frühling« der Kirche gepriesen wurden. Heute ist dieser Frühling flächendeckender Ernüchterung gewichen. Die Gemeinschaften sind besonders anfällig, ja eigentliche Brennpunkte des spirituellen, finanziellen und sexuellen Missbrauchs. In den letzten Jahren musste die Kirche gegen 70 dieser Gemeinschaften Untersuchungen wegen missbräuchlichen Verhaltens einleiten. Céline Hoyeau, selbst einst in der charismatischen Gemeinschaft aktiv und heute Leiterin des Ressorts Religion der katholischen Tageszeitung *La Croix*, öffnet in ihrem akribisch recherchierten Buch *Der Verrat der Seelenführer*[39] die Augen für dieses neue Phänomen des

Missbrauchs: Begangen von charismatischen Seelenführer:innen, die als Prediger, Gurus der Mystik, Propheten, ja Heilige verehrt wurden und vor allem junge Frauen missbrauchten.

Päpstliche Sonderbehandlung für zwei deutsche Kardinäle

Es muss hier noch kurz auf die deutsche Kirche eingegangen werden, die auch in Sachen Missbrauchsbekämpfung von Franziskus eine Sonderbehandlung erfährt. Im Unterschied zu Frankreich, wo Franziskus den Rücktritt von zwei Kardinälen annahm, beließ er in Deutschland zwei Kardinäle, die ihm den Rücktritt angeboten hatten, im Amt. Der Münchner Erzbischof Reinhard Marx hatte schon im Mai 2021 dem Papst wegen des Missbrauchsskandals brieflich seine Demission angeboten. Anfang 2022 tat es ihm der seit Monaten massiv unter Beschuss geratene Erzbischof von Köln, Rainer Maria Woelki, gleich – offenbar auf Geheiß von Franziskus. Dieser mochte aber nicht handeln, was bis hinauf zum Vorsitzenden der Deutschen Bischofskonferenz, Georg Bätzing, kritisiert wurde.

Über die Gründe kann man bloß spekulieren. Möglicherweise hätte eine Entlassung von Kardinal Marx auf dessen Versäumnisse und jene seines Vor-Vorgängers, Erzbischof Joseph Ratzinger, im Erzbistum München aufmerksam gemacht, die man unter dem Deckel zu halten suchte. Eine Entlassung Woelkis wiederum hätte den prominentesten Gegner des deutschen Synodalen Weges entmachtet, der zusammen mit Franziskus die traditionelle Glaubenslehre gegen alle Neuerungen verteidigt. Jedenfalls ist eine Fehde der beiden deutschen Kardinäle sehr aufschlussreich.

Woelki hatte bei der Münchner Anwaltskanzlei Westphal Spilker Wastl (WSW) ein Gutachten zu Missbrauch und sexualisierter Gewalt in Auftrag gegeben. Es sollte Täter und Vertuscher benennen. Seit Frühjahr 2020 aber behielt der Kardinal das Gutachten unter Verschluss: Es sei methodisch mangelhaft und bezüglich Personenschutz nicht rechtssicher. So beauftragte er den Strafrechtler Björn Gercke mit einer neuen Untersuchung, die im Frühjahr 2021 vorgestellt wurde. Woelki hatte mit der Zurückhaltung des WSW-Gutachtens massenhaft Vertrauen verspielt und ungezählte Kirchenaustritte provoziert. Er wurde verdächtigt, vertuschen und Aufklärung behindern zu wollen. Andere meinten, dass die Veröffentlichung des WSW-Gutachtens ihm eine Klageflut beschert hätte, die die Diözese auf Jahre hinaus finanziell, juristisch und medial geschädigt hätte.[40]

Besonders hart traf Woelki damals die Rüge des anderen mächtigen deutschen Kardinals, des Münchner Erzbischofs und damaligen Papstvertrauten Reinhard Marx. Dieser fand es »verheerend«, dass Woelki das Gutachten unter Verschluss hielt. Das forderte den Kriminologen und früheren niedersächsischen Justizminister Christian Pfeiffer heraus, die Kritik an Woelki als »verlogen« zu bezeichnen. Denn für ihn ist Marx der Hauptschuldige, dass es in Deutschlands Kirche Jahre nach Entdeckung des Missbrauchsthemas noch immer keine Transparenz gebe.[41]

2011 hatte Marx als Vorsitzender der Deutschen Bischofskonferenz beim Kriminologischen Forschungsinstitut Niedersachsen unter der Leitung von Christian Pfeiffer ein großes Forschungsprojekt über das Missbrauchsgeschehen in der deutschen Kirche in Auftrag gegeben. Er sollte Zugang zu allen Akten über die Missbrauchsfälle der Jahre 1945 bis 2010 in den deutschen Diözesen erhalten. Doch 2013 kündigte die Bischofskonferenz das Projekt. Das Vertrauensverhältnis mit Pfeiffer sei zerrüttet.

Was war geschehen? Wie Pfeiffer gegenüber der Zürcher Tageszeitung *Tages-Anzeiger* erklärte, habe Marx die Kontrolle über das Forschungsprojekt beansprucht und Transparenz verhindern wollen. Er habe 2012 die Kanzlei WSW einen Vertrag mit umfassenden Zensurmaßnahmen betreffs Pfeiffers wissenschaftlicher Arbeit ausarbeiten lassen – so einschneidend, dass das Institut nicht weiter forschen konnte. Von Anfang an habe Marx auch klargestellt, dass das Institut keinen Zugang zu den Akten der Erzdiözese München-Freising haben sollte. Denn diese hatte die Kanzlei WSW bereits 2010 in einem 250-seitigen Gutachten ausgewertet. Für Pfeiffer ist klar: »Das Gutachten sollte eine Art Brandmauer gegen Vertuschungen unter dem früheren Münchner Erzbischof Joseph Ratzinger und damaligen Papst Benedikt errichten.«[42]

Das nie wirklich veröffentlichte Münchner Gutachten gilt als Mysterium. Auch die Berliner Theologin und Politikwissenschaftlerin Regina Franken-Wendelstorf bemängelte die Rücksicht auf Papst Benedikt, überhaupt die Loyalität zu wichtigen konservativen Bischöfen aus dem Umfeld von Joseph Ratzinger. Diese ließen Skandale in ihrer Diözese aufarbeiten, ohne selber in den Fokus zu geraten – so geschehen in München, Berlin oder Eichstätt. Unter immer größeren Druck geraten, gab Kardinal Marx in München später grünes Licht für ein neues Gutachten, das die Akten von 2010 bis 2019 von Klerikern und Ordensleuten und hauptamtlichen Bediensteten auswerten und diesmal öffentlich machen soll. Gutachterin war wiederum die Kanzlei WSW.

Tatsächlich belastete das im Januar 2022 veröffentlichte neue Gutachten auch den einstigen Erzbischof von München, Joseph Ratzinger, schwer. Es wirft ihm Fehlverhalten in vier Fällen während seiner Amtszeit als Erzbischof von München vor. Außerdem äußern die Gutachter deutliche Zweifel an Ratzingers Behauptung, er sei damals nicht informiert worden. In allen Fällen habe Benedikt XVI. ein Fehlverhalten strikt zurückgewiesen. Fraglich zudem, ob damit alle Leichen im Keller Ratzingers aufgedeckt wurden.

Kriminologe Pfeiffer bezweifelt generell, dass sich Gutachten von Anwaltskanzleien an Forschungsfreiheit und Unabhängigkeit orientieren. »Wissenschaftler schreiben, um zu veröffentlichen. Anwälte schreiben, um Geld zu verdienen«, sagte er zum *Tages-Anzeiger*.[43] Eine Anwaltskanzlei sei keine Ethikkommission, sondern ein gewinnorientiertes Unternehmen, sagt ein Beobachter. Wenn man wüsste, wie viele Millionen an Steuergeldern Bischöfe an Anwälte zahlten, käme es noch zu viel mehr Kirchenaustritten. Auch andere bemängeln, dass sich Bischöfe mit scheinbar unabhängigen Gutachten raushalten. Dabei gäben sie den Kanzleien vor, was sie untersuchen und veröffentlichen sollen. Es brauche eine unabhängige Kommission.

Da lohnt ein Blick auf die Schweiz, wo die katholische Kirche die Aufarbeitung der Missbrauchsthematik erst spät in Angriff genommen hat, dafür aber durch unabhängige Wissenschaftlerinnen, und nicht durch bezahlte Anwälte. Interessant auch, dass in der sonstigen Männerdomäne Frauen beauftragt wurden, die beiden Historikerinnen Monika Dommann und Marietta Meier von der Universität Zürich. Sie legten im September 2023 eine Pilotstudie vor, die 1002 Missbrauchsfälle zutage förderte – »die Spitze des Eisbergs«, wie sie sagen.[44] Sie hatten Zugang zu allen diözesanen Archiven, zu jenem der Apostolischen Nuntiatur in Bern indes wurde ihnen der Zugang verwehrt. Wohl auf Anweisung des Vatikans. Der jedenfalls mag die eigenen Archive auch nicht öffnen. Was wiederum zeigt, dass Franziskus nicht wirklich ernst macht mit der Aufarbeitung des Missbrauchs.

Ratlose Kinderschutzkommission

Die Auseinandersetzung mit Missbrauch begleitet Franziskus' ganzes Pontifikat mehr oder weniger intensiv. Schon im März 2014 hatte er eine Expertenkommission zum Schutz von Kindern vor sexuellen

Übergriffen in der Kirche zusammengestellt. Dem Gremium gehören sowohl Kirchenvertreter als auch Laien, Frauen wie Männer
an. Unter den Kommissionsmitgliedern der ersten Stunde war auch
ein Missbrauchsopfer aus Irland. Die aus Dublin stammende Marie
Collins wurde in den 1960er Jahren von einem katholischen Priester
sexuell missbraucht. Aus Deutschland gehörte der Kommission der
deutsche Jesuit und Psychologieprofessor Hans Zollner an. Er lehrt
an der römischen Universität Gregoriana und gilt als einer der führenden kirchlichen Fachleute auf diesem Gebiet. Als solcher hatte er
den Anti-Missbrauchsgipfel mitorganisiert.

Doch machte die Kommission eher mit Negativ-Schlagzeilen auf
sich aufmerksam. Ausgerechnet die von Franziskus persönlich in
die Kinderschutzkommission berufene Irin Marie Collins erklärte
im März 2017 ihren Rücktritt. Als Grund nannte sie die Blockade-
haltung der Glaubenskongregation bei der Aufarbeitung von Missbrauchsfällen. Für deren damaligen Präfekten Müller geht es beim
sexuellen Missbrauch in der Kirche um »Einzelfälle«. Collins sagte
damals zur *Rheinischen Post*: »Der Papst hat enttäuscht. 2014 setzte
er eine Kinderschutzkommission ein und nahm deren Empfehlun-
gen an. Als aber die Kurie sich dagegen wehrte, die empfohlenen
Veränderungen umzusetzen, tat er nichts. Er hat viele gute Ankündigungen gemacht, etwa ›null Toleranz‹, aber er hat das in der Uni-
versalkirche nicht umgesetzt. Seine Worte sind gut, aber es folgen
keine Taten.«[45]

Selbst der Jesuit Hans Zollner, Gründungsmitglied der Kinderschutzkommission und Mitorganisator des Anti-Missbrauchsgipfels,
gab im März 2023 seinen Rücktritt bekannt. Überraschend scharf
seine Begründung: Strukturelle und praktische Probleme machten
seine Mitarbeit unmöglich. Er beklagte fehlende Transparenz, unzu-
reichende finanzielle Rechenschaftspflicht und Unklarheit darüber,
nach welchen Kriterien Mitglieder ausgewählt werden.[46] Schon im

September 2022 hatte Franziskus zehn neue Mitglieder berufen und siedelte die Kommission im Rahmen seiner Kurienreform, die Anfang Juni 2022 in Kraft trat, im Dikasterium für die Glaubenslehre an.

Anmerkungen

1   Der Vatikan wehrt sich gegen einen Bericht der Vereinten Nationen mit massiven Vorwürfen. Sexueller Missbrauch, Herder Korrespondenz 3/2014, S. 132. Online: https://www.herder.de/hk/hefte/archiv/2014/3-2014/der-vatikan-wehrt-sich-gegen-einen-bericht-der-vereinten-nationen-mit-massiven-vorwuerfen-sexueller-missbrauch/ (Stand: 08.01.2024).

2   Martin Boudot, Das Schweigen der Hirten. Missbrauch in der Kirche, ZDFinfo, 16.05.2018.

3   Kampf dem Missbrauch in der Kirche: 21 Anhaltspunkte, Vatican News, 21.02.2019. Online: https://www.vaticannews.va/de/vatikan/news/2019-02/missbrauch-kinderschutz-21-anhaltspunkte-vatiab.html (Stand: 08.01.2024).

4   Franziskus, Ansprache bei dem Treffen »Der Schutz von Minderjährigen in der Kirche«, 21.02.2019. Online: https://www.vatican.va/content/francesco/de/speeches/2019/february/documents/papa-francesco_20190221_incontro-protezioneminori-apertura.html (Stand: 08.01.2024).

5   Ebd.

6   Ebd.

7   Franziskus, Ansprache am Ende der Eucharistischen Konzelebration bei dem Treffen »Der Schutz von Minderjährigen in der Kirche«, 24.02.2019. Online: https://www.vatican.va/content/francesco/de/speeches/2019/february/documents/papa-francesco_20190224_incontro-protezioneminori-chiusura.html (Stand: 08.01.2024).

8   Ebd.

9   Ebd.

10 Ebd.

11 Ebd.

12 Schüller über Papstrede: Es ist das Ende des Pontifikats …, Katholisch.de, 29.02.2019. Online: https://www.katholisch.de/artikel/20793-schueller-ueber-papstrede-es-ist-das-ende-des-pontifikats (Stand: 08.01.2024).

13 Ebd.

14 Katholisch.de, Papst Franziskus: Missbrauch: Missbrauch hat nichts mit dem Zölibat zu tun. Offen für Beteiligung von Frauen an Bischofswahlen, 06.09.2022. Online: https://www.katholisch.de/artikel/40864-papst-franziskus-missbrauch-hat-nichts-mit-dem-zoelibat-zu-tun (Stand: 08.01.2024).

15 Ebd.
16 »Systemische Ursachen müssen auf den Tisch«, Klaus Mertes im Interview mit domradio.de, 19.02.2019. Online: https://www.domradio.de/artikel/systemi-sche-ursachen-muessen-auf-den-tisch-pater-mertes-ueber-seine-erwartungen-den (Stand: 08.01.2024).
17 Franziska Harter, Jean-Marc Sauvé: »Zölibat an sich ist kein Risikofaktor«, Jean-Marc Sauvé im Interview mit der Tagespost, 04.11.2021. Online: https://www.die-tagespost.de/kirche/weltkirche/zoelibat-an-sich-ist-kein-risikofaktor-art-222551 (Stand: 08.01.2024).
18 Ebd.
19 Franziskus, Schreiben an das Volk Gottes. 20. August 2018. Online: https://www.vatican.va/content/francesco/de/letters/2018/documents/papa-frances-co_20180820_lettera-popolo-didio.html (Stand: 08.01.2024).
20 Ebd.
21 Bartosz Dudek, »Der Zölibat führt nicht zum Missbrauch«, Hans Zollner im Interview mit Deutscher Welle, 26.02.2019. Online: https://www.dw.com/de/zollner-der-zölibat-führt-nicht-zum-missbrauch/a-47684308 (Stand: 08.01.2024).
22 Andrea Galli, Le denunce. Abusi, se le vittime sono suore, Avvenire, 08.02.2019. Online: https://www.avvenire.it/chiesa/pagine/abusi-se-le-vittime-sono-suore (Stand: 08.01.2024).
23 Pietro Parolin, Über die Vertraulichkeit der Fällem, 06.12.2019. On-line https://press.vatican.va/content/salastampa/it/bollettino/pubbli-co/2019/12/17/1011/02062.html
24 Franziskus, Apostolisches Schreiben in Form eines Motu proprio Vos estis lux mundi (Ihr seid das Licht der Welt), 07.05.2019. Online: https://www.vatican.va/content/francesco/de/motu_proprio/documents/papa-francesco-motu-pro-prio-20190507_vos-estis-lux-mundi.html (Stand: 08.01.2024).
25 Andrea Tornielli und P. Bernd Hagenkord, »Licht der Welt«: Neue Regeln zum Umgang mit Missbrauch, Vatican News, 09.05.2019.Online: https://www.vaticannews.va/de/vatikan/news/2019-05/papst-franziskus-missbrauch-regeln-bischoefe-motu-proprio.html (Stand: 08.01.2024).
26 Ebd.
27 Vgl. etwa Pedofilia, papa Francesco crea tribunale per giudicare vescovi, la Re-pubblica, 10.06.2015. Online: https://www.repubblica.it/esteri/2015/06/10/news/pedofilia_papa_francesco_crea_tribunale_per_giudicare_vesco-vi-116534361/ (Stand: 08.01.2024).
28 Rod Dreher, Church: Cardinal McCarrick Is A Molester, The American Con-servative, 20.06.2018. Online: https://www.theamericanconservative.com/church-cardinal-mccarrick-is-a-molester/ (Stand: 08.01.2024).
29 Edward Pentin, Ehemaliger Nuntius erhebt schwere Vorwürfe gegen Papst im Fall McCarrick, CNA deutsch, 20.06.2018. Online: https://de.catholicnew-sagency.com/news/3565/ehemaliger-nuntius-erhebt-schwere-vorwurfe-gegen-papst-im-fall-mccarrick (Stand: 08.01.2024).
30 Giuseppe Nardi, »Der Papst wußte … und hat nichts unternommen«, Katho-lisches.info, 18.07.2022. Online: https://katholisches.info/2022/07/18/der-papst-wusste-und-hat-nichts-unternommen/ (Stand: 08.01.2024).

31 Franziskus, Schreiben an die chilenischen Bischöfe, 08.04.2018. Online: https://www.vatican.va/content/francesco/de/letters/2018/documents/papa-francesco_20180408_lettera-vescovi-cile.html (Stand: 08.01.2024).

32 »Toxischer Alptraum«. Kritik von Pell an der Weltsynode postum veröffentlicht, Domradio.de, 12.01.2023. Online: https://www.domradio.de/artikel/kritik-von-pell-der-weltsynode-postum-veroeffentlicht (Stand: 08.01.2024).

33 Vgl. Frankreich: Bischöfe blicken in den Abgrund, Vatican News, 09.11.2022. Online: https://www.vaticannews.va/de/welt/news/2022-11/missbrauch-frank-reich-kirche-bischoefe-leborgne-santier-ricard.html (Stand: 08.01.2024).

34 Vgl. Medien: Wahrer Grund für Bischofsrücktritt Missbrauch, nicht Corona, katholisch.de, 18.10.2022. Online: https://www.katholisch.de/artikel/41546-medien-wahrer-grund-fuer-bischofsruecktritt-missbrauch-nicht-corona (Stand: 08.01.2024).

35 Vgl. Staatsanwaltschaft ermittelt gegen Pariser Ex-Erzbischof Aupetit, katholisch.de, 04.01.2023. Online: https://www.katholisch.de/artikel/42910-staats-anwaltschaft-ermittelt-gegen-pariser-ex-erzbischof-aupetit (Stand: 08.01.2024).

36 Vgl. Matthias Rüb, Papst nimmt Barbarins Rücktrittsgesuch an, FAZ, 06.03.2020. Online: https://www.faz.net/aktuell/politik/ausland/papst-nimmt-ruecktritt-von-kardinal-barbarin-an-16666920.html (Stand: 08.01.2024).

37 Vgl. Matthias Rüb, Jesuitenorden schließt Mosaikkünstler Marko Rupnik aus, FAZ, 16.06.2023. Online: https://www.faz.net/aktuell/politik/ausland/jesui-tenorden-schliesst-mosaikkuenstler-marko-rupnik-aus-18968779.html (Stand: 08.01.2024).

38 Kampf dem Missbrauch in der Kirche: 21 Anhaltspunkte, Vatican News, 25.02.2019. Online: https://www.vaticannews.va/de/vatikan/news/2019-02/missbrauch-kinderschutz-21-anhaltspunkte-vatiab.html (Stand: 08.01.2024).

39 Céline Hoyeau, Der Verrat der Seelenführer, Freiburg im Breisgau: Herder 2023.

40 Michael Meier, Anwälte sollen Bischöfen aus der Patsche helfen, Tages-Anzeiger, 17.03.2021. Online: https://www.tagesanzeiger.ch/anwaelte-sollen-bischoe-fen-aus-der-patsche-helfen-880045817918 (Stand: 08.01.2024).

41 Ebd.

42 Ebd.

43 Ebd.

44 Grosses Spektrum von Fällen sexuellen Missbrauchs im Umfeld der katholi-schen Kirche, 12.09.2023. Online: https://www.news.uzh.ch/de/articles/me-dia/2023/Missbrauch.html (Stand: 08.01.2024).

45 Marie Collins im Interview mit Rheinischer Post. 19.02.2019. Online: https://rp-online.de/panorama/religion/paepstliche-kinderschutz-kommission-inter-view-mit-marie-collins_aid-36875027 (Stand: 08.01.2024).

46 Anita Hirschbeck, »Strukturelle und praktische Probleme«. Rätsel um Rückzug von Zollner aus Kinderschutzkommission, domradio.de, 05.04.2023. Online: https://www.domradio.de/artikel/raetsel-um-rueckzug-von-zollner-aus-kinder-schutzkommission (Stand: 08.01.2024).

Kapitel 4:
Keusch und männlich – der Heilige Stand, der Frauen überflüssig macht

Der Amazonas und die Brandrodungen im Regenwald waren für den Papst aus Lateinamerika immer schon ein Herzensanliegen. Wie der Brand des Regenwalds mit einer ganzheitlichen Ökologie zu löschen ist, darüber debattiert er an der Amazonas-Synode vom 6. bis 27. Oktober 2019 mit 185 hohen Klerikern und ca. 100 Experten in Rom. Er will sie nach Antworten suchen lassen auf die missliche Lage der indigenen Völker, auf deren soziale und ökologische Ausbeutung durch Großgrundbesitzer, Bergwerkgesellschaften, Goldsucher und Holzunternehmer. Auch die dortige Kirche brennt. Angesichts des eklatanten Priestermangels lässt Franziskus auch über die Aufweichung des Zölibats und mögliche neue Ämter für Frauen debattieren, just über jene Strukturen, die nach Meinung der Reformkatholiken die systemischen Ursachen für den Missbrauch sind und im Westen zu den heißen Eisen gehören. Nach hitziger Debatte bläst Franziskus die Revolution wieder ab – obwohl eine große Mehrheit der Bischöfe für Viri probati votiert. In seinem nachsynodalen Schreiben Querida Amazonia macht er auf lehramtlicher Ebene auch klar, dass Frauen nicht zur Weihe zugelassen werden können. Der Papst will sie damit angeblich vor Klerikalisierung schützen. So bleibt die Frau grundsätzlich vom Leitungs- und Lehramt und von aller Definitionsgewalt in der Kirche ausgeschlossen. Die entrechtete Frau bleibt das Grundübel der Kirche. Dies, obwohl Franziskus die Gesellschaft zur Gleichberechtigung von Mann und Frau aufruft. Immer wieder hievt er auch einzelne Frauen, meist zölibatäre Ordensfrauen, in administrative Spitzenämter, wobei sie in der Regel einem Kleriker unterstellt bleiben. Die Amazonas-Synode macht vollends klar, dass Papst Franziskus kein

Reformer ist, weil er die Lehre und die Alleinstellungsmerkmale der Kirche nicht anzutasten wagt.

Schon im Januar 2018 war Franziskus in den peruanischen Regenwald gereist, um auf sein Herzensanliegen, die Amazonas-Synode vom Herbst 2019, aufmerksam zu machen. Dabei liegen dem Papst die Ureinwohner ganz besonders am Herzen: die Situation der indigenen Völker, die durch Großgrundbesitzer, Bergwerkgesellschaften, Goldsucher und Holzunternehmer ausgebeutet werden. Im Gebiet Madre de Dios, in der konfliktbeladenen Goldgräber- und Holzfällerstadt Puerto Maldonado machte er sich ein Bild vom prekären Leben der Indios. Schon in seiner Umwelt-Enzyklika *Laudato si'* hatte er dieser Reise und der Synode vorgespurt. Die Amazonas-Synode sollte darüber hinaus innerkirchlich die Möglichkeit verheirateter Priester und ein »offizielles Amt für die Frau« prüfen. Denn auch die Kirche leidet: Im Amazonasgebiet herrscht akuter Priestermangel. Auch sollen die engagierten Frauen passende Ämter bekommen. Neben *Amoris laetitia* ist der Begriff »Amazonas-Synode« wohl das häufigste und zugleich brisanteste Schlagwort, das mit dem Pontifikat von Franziskus verbunden wird. Schon bei der Ankündigung der Synode löste er einen Riesenwirbel aus, ebenso wie Erwartungen, die dann enttäuscht wurden.

Keine *Viri probati* – der Papst bläst die Revolution wieder ab

Die in Amazonien virulenten sozialen und ökologischen Fragen wurden bereits im Vorlauf der Synode von der möglichen Öffnung der Kirchenämter verdrängt. Offensichtlich wollte Franziskus, dem die Kontroversen der Familiensynoden (ob etwa Wiederverheiratete zur Kommunion dürfen) noch in den Gliedern steckten, nun auch die Ehelosigkeit der Priester zur Diskussion stellen. Jedenfalls setzte er auf die offizielle Agenda das Thema *Viri probati*, die Möglichkeit, bewährte verheiratete Männer zu Priestern zu weihen. Wieder mal stand der Kirche also eine Zölibatsdiskussion ins Haus, diesmal nicht von unten, von Reformgruppen initiiert, sondern vom Papst selber. Die Erwartungshaltung an die Synode war deshalb riesig: Die Fragen der *Viri probati* wie auch der Ämter für Frauen bargen Zündstoff. Dass sie nicht im Kontext der westlichen Länder diskutiert wurden, wo diese Forderungen seit Jahrzehnten auf dem Tisch liegen, gab dem Anliegen eine besondere Aufmerksamkeit. Nicht nur im Westen, auch im Urwald gibt es einen eklatanten Priestermangel. Die verstreut lebenden Indio-Gemeinden haben viel zu wenige Priester. Ihre Zahl im Gebiet des Amazonas ist derart ausgedünnt, dass gewisse Bewohner nur einmal im Jahr zu Eucharistie und Beichte gehen können. Die sakramentale Aushungerung der Bevölkerung befürchtend rief Rom den pastoralen Notstand aus.

Der österreichische Amazonas-Bischof Erwin Kräutler hatte schon 2014, nach einer Audienz bei Franziskus, erklärt, der Papst habe das Thema auf seiner Agenda. Ja er unterstütze Kräutlers Anliegen, angesichts des akuten Priestermangels und der damit verbundenen »eucharistischen Notlage« vieler Gemeinden in Amazonien auf verheiratete Diakone zurückzugreifen.[1] Papst Franziskus selbst hatte im Interview mit der *Zeit* vom 9. März 2017 gesagt: »Wir müssen darüber nachdenken, ob *Viri probati* eine Möglichkeit sind.«[2] Der Essener Bischof Franz-Josef Overbeck, Vorsitzender des Hilfswerks *Adveniat*, das die katholischen Geldströme nach Lateinamerika kontrolliert, sagte gar, die Amazonas-Synode werde ein Wendepunkt für die ganze Kirche sein, nichts werde mehr sein wie früher,[3] wobei das mehr auf das ökologische Bewusstsein gemünzt war.

Doch es blieb wie früher, obwohl es im Vorbereitungsdokument der Synode hieß: »In der Überzeugung, dass der Zölibat ein Geschenk für die Kirche ist, wird darum gebeten, im Blick auf die entlegensten Gebiete der Region die Möglichkeit zu prüfen, ältere Menschen zu Priestern zu weihen. Diese Menschen sollten vorzugsweise Indigene sein, die von ihrer Gemeinde respektiert und akzeptiert werden.«[4] Außerdem lesen wir: »Sie sollten geweiht werden, obwohl sie schon eine konstituierte und stabile Familie haben, mit dem Ziel, die Spendung der Sakramente zu sichern, die das Leben der Christen*innen begleiten und stützen.«[5] Die Synode solle »ein offizielles Dienstamt« definieren, das den Frauen anvertraut werden könne, wissend um die zentrale Rolle, die diese in der Amazonas-Kirche heute spielten.[6]

Das rechte Lager war alarmiert. Es sah in der Synode einen Angriff auf die Fundamente des Glaubens, eine Revolution aus dem Urwald, ja ein trojanisches Pferd, das hiesigen Gegnern des Pflichtzölibats dazu dienen solle, auf dem Umweg über den Amazonas ihre westlichen Reformanliegen durchzusetzen. Die Rechten sprachen von einer neuen Art von Kolonialismus, wenn die Indigenen dafür herhalten müssten, einen vor allem in der westlichen Kirche virulenten Konflikt zu lösen. Glaubenspräfekt Müller bemängelte, dass die Deutsche Bischofskonferenz ihren nach dem Missbrauchsskandal angestoßenen »Synodalen Weg« zur Erneuerung der Kirche mit der Amazonas-Synode verquicke. Bei beiden Veranstaltungen seien die führenden Personen fast identisch und über die Hilfswerke der Bischofskonferenz finanziell und organisatorisch vernetzt. Deutschland und Lateinamerika seien sich auch darin gleich, dass an beiden Orten Katholiken millionenfach aus ihrer Kirche auszögen, ohne dass es zu einer Besinnung auf die Wurzeln der Katastrophe komme.[7]

Die Reaktionäre hatten tatsächlich Grund zur Sorge. Die Synodenväter debattierten intensiv über die *Viri probati* und gelangten zu einem eindeutigen Resultat. Für jeden der insgesamt 120 Artikel war eine Zweidrittelmehrheit der 181 anwesenden Synodalen notwendig, also 120 Stimmen. Auch wenn die Artikel zu den verheirateten Priestern und zu den Ämtern für Frauen die meisten Gegenstimmen erhielten, wurde die Zweidrittelmehrheit doch beide Male erreicht. Für die Möglichkeit der *Viri probati* stimmten 128 Bischöfe bei 41 Nein-Stimmen. Die Forderung, Frauen müssten mehr Einfluss haben, erhielt 137 Ja- und 30 Nein-Stimmen. Mit diesem eindeutigen Resultat schien nun endlich der Weg frei für den bisher größten Reformschritt im Pontifikat von Franziskus. Fast allüberall herrschte die Erwartung, dass der Zölibat, wenigstens in seiner verpflichtenden Form, fallen würde. Der Kairos für Reformpapst Franziskus schien gekommen.

Weit gefehlt: Mit seiner am 12. Februar 2020 veröffentlichten nachsynodalen Exhortation *Querida Amazonia* überraschte und enttäuschte Franziskus zugleich. Was die wenigsten erwartet hatten: Zu den *Viri probati* und den Weiheämtern der Frauen schwieg sich der Papst einfach aus. Wie die Zeitschrift *Civiltà Cattolica* aus einer persönlichen Notiz des Papstes zitierte, habe es zwar eine »gute, produktive und sogar notwendige Debatte« zu diesem Thema gegeben. Aber es habe dem Papst zufolge keine echte Unterscheidung der Geister stattgefunden: »Das war entscheidend bei meinem letztendlichen Urteil, als ich darüber nachgedacht habe, wie die Exhortation werden soll«, so der Papst.[8] Die Revolution im Urwald war wieder abgeblasen.

»Die spezifische Macht der Frauen«, die der Weihe nicht würdig sind

Auch in der Frauenfrage, eines der prominentesten Themen der Synode, enttäuschte Franziskus massiv. Den Synodenvätern war klar gewesen, dass in vielen Gemeinden des Amazonas Frauen längst die wichtigste Rolle spielten. Der Vorschlag, den 35 an der Synode teilnehmenden Frauen ein Stimmrecht zu gewähren, wurde allerdings abgelehnt. Auch die Zulassung von Frauen zum Diakonat unterstützten die Synodalen nicht ausdrücklich, auch wenn ihr Schlussdokument festhielt, dass die Zulassung in den Beratungen mehrmals gefordert worden war. Im Arbeitspapier hieß es wolkig: »Es wird ebenfalls vorgeschlagen, dass Frauen Führungspositionen übernehmen sowie immer breitere und relevantere Verantwortlichkeiten im Bereich der Bildung übernehmen, in Theologie, Katechese, Liturgie sowie Bildungszentren für Glaube und Politik. Die Stimme der Frauen soll gehört werden, indem sie bei Entscheidungen konsultiert und beteiligt werden.«[9]

In *Querida Amazonia* hält Franziskus, der sich sonst gern als Frauenförderer gibt, dann aber lehramtlich fest, dass Frauen nicht zu den Weihen zugelassen werden können: »In einer synodalen Kirche sollten die Frauen, die in der Tat eine zentrale Rolle in den Amazonasgemeinden spielen, Zugang zu Aufgaben und auch kirchlichen Diensten haben, die nicht die heiligen Weihen erfordern und es ihnen ermöglichen, ihren eigenen Platz besser zum Ausdruck zu bringen.«[10] Und weiter: »Es sei daran erinnert, dass ein solcher Dienst Dauerhaftigkeit, öffentliche Anerkennung und eine Beauftragung durch den Bischof voraussetzt. Das bedeutet auch, dass Frauen einen echten und effektiven Einfluss in der Organisation, bei den wichtigsten Entscheidungen und bei der Leitung von Gemeinschaften haben, ohne dabei jedoch ihren eigenen weiblichen Stil aufzugeben.«[11]

Wie immer in solchen Dokumenten bettet auch dieser Papst das Nein zur Frauenordination in blumig wortreiche Huldigungen an die Frau ein. Er lobt die Präsenz von starken und engagierten Frauen, besonders in Amazonien: »Mit ihrem Zeugnis haben sie uns alle bei der Synode angerührt.«[12] Um dann aber fortzufahren: »Dies ist eine

Einladung an uns, unseren Blick zu weiten, damit unser Verständnis von Kirche nicht auf funktionale Strukturen reduziert wird. Ein solcher Reduktionismus würde uns zu der Annahme veranlassen, dass den Frauen nur dann ein Status in der Kirche und eine größere Beteiligung eingeräumt würden, wenn sie zu den heiligen Weihen zugelassen würden. Aber eine solche Sichtweise wäre in Wirklichkeit eine Begrenzung der Perspektiven: Sie würde uns auf eine Klerikalisierung der Frauen hinlenken und den großen Wert dessen, was sie schon gegeben haben, schmälern als auch auf subtile Weise zu einer Verarmung ihres unverzichtbaren Beitrags führen.«[13] Die Argumentation ist schlicht absurd: Die Weihe, die Männer mit einem göttlichen Prägemal ontologisch aufwertet und adelt, verkommt bei Frauen zu bloßer Funktionalisierung und Klerikalisierung, zu einer Machtfrage. Wie soll man das Gläubigen und Theologen verständlich machen?

Die gottgegebene Grundpolarität der Geschlechter und ihre daraus folgenden unterschiedlichen Rollen sind auch für Franziskus konstitutiv: »Jesus Christus zeigt sich als der Bräutigam der Eucharistie feiernden Gemeinschaft in der Gestalt eines Mannes, der ihr vorsteht als Zeichen des einen Priesters. Dieser Dialog zwischen Bräutigam und Braut, der sich in der Anbetung vollzieht und die Gemeinschaft heiligt, sollte nicht auf einseitige Fragestellungen hinsichtlich der Macht in der Kirche verengt werden. Denn der Herr wollte seine Macht und seine Liebe in zwei menschlichen Gesichtern kundtun: das seines göttlichen menschgewordenen Sohnes und das eines weiblichen Geschöpfes, Maria.«[14] Maria muss wie immer als Vorbild für spezifisch frauliche Qualitäten herhalten: »Die Frauen leisten ihren Beitrag zur Kirche auf ihre eigene Weise und indem sie die Kraft und Zärtlichkeit der Mutter Maria weitergeben. Auf diese Weise bleiben wir nicht bei einem funktionalen Ansatz stehen, sondern treten ein in die innere Struktur der Kirche. So verstehen wir in der Tiefe, warum sie ohne die Frauen zusammenbricht, so wie viele Gemeinschaften in Amazonien auseinandergefallen wären, wenn es dort keine Frauen gegeben hätte ... Hier wird sichtbar, was ihre spezifische Macht ist.«[15]

Franziskus lässt die traditionelle katholische Anthropologie aufleben, die gottgewollte Polarität des Petrinischen und Marianischen, wonach das petrinische Prinzip dem Mann die Domäne der Macht und des Amtes zuschreibt, das marianische Prinzip der Frau das Mütterliche, das Nährende und Duldende. So bleibt die Frau grundsätzlich von der Weihe und damit auch vom Leitungs- und Lehramt ausgeschlossen. Gleichwohl plädiert Franziskus in *Querida Amazonia* für »andere spezifisch weibliche Dienste und Charismen«, »die auf die besonderen Bedürfnisse der Amazonasvölker in diesem Moment der Geschichte reagieren«.[16] Dazu müssten Frauen Zugang erhalten zu kirchlichen Positionen, in denen sie tatsächlich etwas bewirken und wesentliche Entscheidungen sowie Richtungsbeschlüsse beeinflussen könnten, schreibt er vage.

Die größte Enttäuschung der Reformkatholiken

Das Schreiben *Querida Amazonia* wurde tatsächlich zu einem Wendepunkt im Pontifikat von Franziskus, aber nicht so, wie es die Basis erhofft hatte. Nein, jetzt konnte sie nicht mehr an die von Franziskus angekündigten Reformen glauben. Selten zuvor war die Kirche einer substanziellen Reform so nahe. Mit der Amazonas-Synode hat der Papst eine ganz große Chance vertan. *Querida Amazonia* war die bisher größte Enttäuschung für die Reformkatholiken – und ein herber Rückschlag für die Frauen. Die Enttäuschung war so riesig wie zuvor die Erwartung. Der Papst hatte die von ihm angestoßene Revolution wieder abgeblasen. Damit machte er auch deutlich, dass die zwei wichtigen Identitätsmarker der römischen Kirche, Zölibat und Ausschluss der Frau von den Weiheämtern, nicht verhandelbar sind – unter ihm nicht und wohl unter keinem nachfolgenden Papst. Warum nur hat sich Papst Franziskus geweigert, die mit mehr als einer Zweidrittelmehrheit von der Synode verabschiedeten Vorschläge zu approbieren, vielleicht vorerst nicht für die gesamte Weltkirche, so doch wenigstens für die Kirche in Amazonien?

Viele prominente Kirchenleute und Theologen machten ihrer Frustration Luft. Der frühere Amazonas-Bischof Erwin Kräutler brachte es in einem erst viel später in der *Herder Korrespondenz* veröffentlichten Beitrag auf den Punkt: Das päpstliche Schreiben *Querida Amazonia* sei »so etwas wie eine eiskalte Dusche im tropisch-heissen Amazonien« gewesen.[17] Was sollten eine Synode und ihre Mehrheitsbeschlüsse bringen, wenn der Papst diese so einfach umkippe und ignoriere. Offenbar funktioniere so das synodale Prinzip. Aus Sicht des Bischofs hatte der Papst dazu ermutigt, neue Wege für die Kirche zu suchen, um ihnen dann plötzlich einen Riegel vorzuschieben. Offenbar sei es leichter, »über eine ganzheitliche Ökologie zu debattieren als über Strukturveränderungen innerhalb der Kirche«.[18] Zugleich stellte er die Frage, warum mit der Situation am Amazonas nicht vertraute Kardinäle und Bischöfe ein Stimmrecht besaßen, nicht aber die an der Synode teilnehmenden Frauen aus Amazonien. Kräutlers Fazit: »Ich möchte nicht pessimistisch sein, aber es fällt mir schwer zu glauben, dass Papst Franziskus nun schon mit mehr als 86 Jahren den Mut aufbringt, beispielsweise den Pflichtzölibat aufzuheben.«[19]

Diakonat der Frau in der Endlosschleife

Nochmals zurück zur Frauenfrage, die den größten Widerspruch in diesem Pontifikat bildet. Franziskus, der sich dezidiert zum Anwalt der Armen und Entrechteten macht, mag den Frauen nicht die gleichen Rechte zugestehen. Kann die Kirche der Armen wirklich patriarchal sein? Gerade in der Frauenfrage zeigt sich der eklatante Widerspruch zwischen Praxis und Lehramt. Franziskus betont immer wieder, man müsse den Einfluss der Frau ernst nehmen, um dann festzustellen, sie könne nur Aufgaben übernehmen, die nicht die Weihe voraussetzten.

Schon im März 2016 hatte er auf dem Rückflug von Schweden das vom Polen-Papst verfügte absolute Verbot der Frauenordination in Erinnerung gerufen: »Hinsichtlich der Weihe von Frauen in der katholischen Kirche hat der heilige Johannes Paul II. das letzte klare Wort gesprochen, und das bleibt.«[20] 1994 hatte dieser im Apostolischen Schreiben *Ordinatio sacerdotalis* dekretiert, »dass die Kirche keinerlei Vollmacht hat, Frauen die Priesterweihe zu spenden, und dass sich alle Gläubigen der Kirche endgültig an diese Entscheidung zu halten haben«.[21] Dass die Frauen kein Weiheamt haben dürfen, nehme ihnen nichts weg, ergänzte Franziskus. Im Mai 2018 bekräftigte Glaubenspräfekt Ladaria in einer ausführlichen Erklärung *Zu einigen Zweifeln über den definitiven Charakter der Lehre von Ordinatio sacerdotalis* die unabänderliche Glaubenslehre: »Der Priester handelt in der Person Christi, des Bräutigams der Kirche, und sein Mann-Sein ist ein unentbehrlicher Aspekt dieser sakramentalen Repräsentanz.«[22] Da hilft es wenig, wenn Theologen monieren, im Christentum gehe es um Gottes Menschwerdung, nicht um seine Mannwerdung.

Bleibt also die Möglichkeit von weiblichen Diakoninnen? Zwar sprachen sich die Bischöfe bei der Amazonas-Synode blumig für mehr Anerkennung der Frau und für mehr Frauen in Führungspositionen aus – bei der Frage nach Frauen als Diakoninnen blieb das Abschlussdokument jedoch vage. Und in *Querida Amazonia* erwähnte Papst Franziskus diese Möglichkeit mit keinem Wort. Jedoch versprach er in seiner Ansprache zum Abschluss der Synode am 26. Oktober 2019, abermals eine Kommission einzusetzen: »Ich nehme die Bitte an, erneut die Kommission einzuberufen und sie vielleicht durch neue Mitglieder zu erweitern, um weiter zu untersuchen, auf welche Weise in der frühen Kirche das Ständige Diakonat (sc. von Frauen) bestand (…) Ich werde mich bemühen, es erneut gemeinsam mit der Kongregation für die Glaubenslehre zu tun und neue Personen in diese Kommission einzufügen.«[23] Gesagt, getan: Am 8. April 2020 wurde publik, dass Franziskus noch einmal eine neue Studienkommission zur Untersuchung des Frauendiakonats eingerichtet hatte. Unter den Mitgliedern – fünf Männer und fünf Frauen – auch ein dezidierter Gegner von Weiheämtern für Frauen.[24]

Bereits 2016 hatte Franziskus eine solche Kommission eingesetzt. Im Mai 2019 dann erklärte er, die Kommission habe zu keinem einhelligen Ergebnis gefunden.[25] Es gebe nur spärliche historische Zeugnisse und diese lieferten nicht genügend Informationen. Die wenige Seiten umfassende Stellungnahme beleuchtet die Stellung der frühkirchlichen Diakoninnen aus historischer, anthropologischer und theologischer Sicht.

Die Medien reagierten bei der Ankündigung beider Kommissionen wie gewohnt euphorisch: Die Kommission werde einen Durchbruch in der Frauenfrage bringen, gar die erste Weihestufe für die Frau. Doch Franziskus zeigte sich über solche Spekulationen verärgert und schalt die Medien, die Öffentlichkeit auf eine falsche Fährte zu führen. Die Kommission solle lediglich die Rolle der Diakoninnen in der alten Kirche studieren. Mehr nicht.[26] Kommissionen werden in der Regel eingerichtet, um aus einer Verlegenheit zu helfen und um so zu tun, als wolle man einen Reformschritt prüfen, der aber keine Chance hat.

Franziskus will trotzdem ein Freund der Frauen sein

Das alles hindert Franziskus nicht, sich immer wieder als Freund der Frauen zu präsentieren. Schon in seinem Schreiben *Amoris laetitia* nach der Familiensynode verteidigte er den Feminismus gegen Vorwürfe aus konservativen Kirchenkreisen. Männer und Frauen hätten eine identische Würde, alte Formen von Diskriminierung müssten deshalb abgeschafft werden. Manche meinten, »viele aktuelle Probleme seien seit der Emanzipation der Frau aufgetreten«, schrieb der Papst.[27] Aber dies sei kein gültiges Argument gegen die Gleichberechtigung – »es ist falsch, es ist nicht wahr! Es ist eine Form des Chauvinismus.«[28] Die identische Würde von Mann und Frau sei für die Kirche »ein Grund zur Freude darüber, dass alte Formen von Diskriminierung überwunden werden und sich in den Familien eine Praxis der Wechselseitigkeit entwickelt«, so Franziskus.[29]

In der Enzyklika *Fratelli tutti* forderte der Papst noch nachdrücklicher die gleichen Rechte für Mann und Frau (in der Gesellschaft), ohne allerdings zu erwähnen, dass ihnen gerade die Kirche die gleichen Rechte verwehrt. Es sei »inakzeptabel, dass eine Person weniger Rechte hat, weil sie eine Frau ist«; die Gesellschaften auf der ganzen Erde seien noch lange nicht so organisiert, »dass sie klar widerspiegeln, dass die Frauen genau die gleiche Würde und die gleichen Rechte haben wie die Männer. Mit Worten behauptet man bestimmte Dinge, aber die Entscheidungen und die Wirklichkeit schreien eine andere Botschaft heraus. In der Tat, ›doppelt arm sind die Frauen, die Situationen der Ausschließung, der Misshandlung und der Gewalt erleiden, denn oft haben sie geringere Möglichkeiten, ihre Rechte zu verteidigen‹«.[30]

Der Widerspruch ist eklatant: Während Franziskus Frauenrechte in der Gesellschaft einklagt, verwehrt er ihnen diese im Innern der Kirche. An die Weihe sind ja auch alle zentralen Leitungsämter und die Definitionsgewalt in der Kirche gebunden. Darüber kann auch seine Personalpolitik nicht hinwegtäuschen, die sich frauenfreundlich gibt und Frauen in gewisse administrative Leitungsämter vorlässt (vgl. Kapitel 6). Von den neuen Ämtern und Diensten für Frauen, die er in *Querida Amazonia* forderte, war dann aber nie mehr die Rede. Nicht von ungefähr hat er sich immer gehütet, eine eigene Synode zur Frauenfrage aufzugleisen oder ein nur den Frauen gewidmetes Lehrschreiben zu verfassen. Das Konflikt- und Spaltungspotenzial wäre viel zu groß.

Anmerkungen

1 Erwin Kräutler, Eiskalte Dusche, Herder Korrespondenz, 21.06.2023. Online: https://www.herder.de/hk/online-exklusiv/amazonas-und-weltbischofssynode-eiskalte-dusche/ (Stand: 08.01.2024).

2 Interview mit Franziskus, Die Zeit, 09.03.2017. Online: https://www.zeit.de/2017/11/papst-franziskus-vatikan-katholische-kirche-interview/komplett-ansicht (Stand: 08.01.2024).

3 Interview mit Franz-Josef Overbeck, Spiegel, 05.10.2019. Online: https://www.spiegel.de/panorama/gesellschaft/amazonas-synode-in-rom-bischof-overbeck-ueber-priestermangel-und-zoelibat-a-1290097.html (Stand: 08.01.2024).

4 Instrumentum laboris zur Amazonas-Synode, Nr. 129. Online: https://www.dbk.de/fileadmin/redaktion/diverse_downloads/dossiers_2019/Adveniat-Misereor_Uebersetzung-Instrumentum_Laboris_Deutsch_Amazonassynode.pdf (Stand: 08.01.2024).

5 Ebd.

6 Ebd.

7 Maximilian Lutz, Müller wiederholt Kritik an DBK und Amazonas-Synode, Die Tagespost, 26.07.2019. Online: https://www.die-tagespost.de/kirche/aktuell/mueller-wiederholt-kritik-an-dbk-und-amazonas-synode-art-200009 (Stand: 08.01.2024).

8 Antonio Spadaro, Il governo di Francesco. È ancora attiva la spinta propulsiva del pontificato?, La Civiltà Cattolica, 05.09.2020. Online: https://www.laciviltacattolica.it/articolo/il-governo-di-francesco/ (Stand: 08.01.2024).

9 Instrumentum laboris, Nr. 129.

10 Franziskus, Nachsynodales Schreiben Querida Amazonia, Nr. 103. Online: https://www.vatican.va/content/francesco/de/apost_exhortations/documents/

papa-francesco_esortazione-ap_20200202_querida-amazonia.html (Stand: 08.01.2024).

11 Ebd.

12 Ebd., Nr. 100.

13 Ebd.

14 Ebd., Nr. 101.

15 Ebd.

16 Ebd., Nr. 102.

17 Erwin Kräutler, Eiskalte Dusche, Herder Korrespondenz, 21.06.2023.

18 Ebd.

19 Ebd.

20 Papst Franziskus, Pressekonferenz auf dem Rückflug von Schweden nach Rom, 01.11.2016. Online: https://www.vatican.va/content/francesco/de/speeches/2016/november/documents/papa-francesco_20161101_svezia-conferenza-stampa.html (Stand: 08.01.2024).

21 Johannes Paul II., Ordinatio sacerdotalis, 22.05.1994. Online: https://www.vatican.va/content/john-paul-ii/de/apost_letters/1994/documents/hf_jp-ii_apl_19940522_ordinatio-sacerdotalis.html (Stand: 08.01.2024).

22 Luis F. Ladaria, Zu einigen Zweifeln über den definitiven Charakter der Lehre *Ordinatio sacerdotalis*, 29.05.2018. Online: https://www.vatican.va/roman_curia/congregations/cfaith/ladaria-ferrer/documents/rc_con_cfaith_doc_20180529_caratteredefinitivo-ordinatiosacerdotalis_ge.html (Stand: 08.01.2024).

23 Papst Franziskus, Ansprache zum Abschluss der Arbeiten der Sonderversammlung der Bischofssynode für die Pan-Amazonas-Region zum Thema »Neue Wege für die Kirche und eine ganzheitliche Ökologie«, 26.10.2019. Online: https://www.vatican.va/content/francesco/de/speeches/2019/october/documents/papa-francesco_20191026_chiusura-sinodo.html (Stand: 08.01.2024).

24 Papst Franziskus setzt erneut Kommission zur Prüfung weiblichen Diakonats ein, CNA deutsch, 08.04.2020. Online: https://de.catholicnewsagency.com/news/6073/papst-franziskus-setzt-erneut-kommission-zur-prufung-weiblichen-diakonats-ein (Stand: 08.01.2024).

25 Bericht der Studienkommission zum Frauendiakonat vor Veröffentlichung?, Vatican News, 22.06.2019. Online: https://www.vaticannews.va/de/vatikan/news/2019-06/ordensfrauen-uisg-kommission-frauendiakonat-bericht.html (Stand: 08.01.2024).

26 Thomas Jansen, Der Papst und die Frauen am Altar, Domradio.de, 25.11.2016. Online: https://domradio.de/artikel/kommission-zu-diakoninnen-der-fruehen-kirche-beginnt-arbeit (Stand: 08.01.2024).

27 Franziskus, Amoris laetitia, Nr. 54.

28 Ebd.

29 Ebd.

30 Franziskus, Enzyklika Fratelli tutti über die Geschwisterlichkeit und die soziale Freundschaft, 03.10.2020, Nr. 121 und Nr. 23. Online: https://www.vatican.va/content/francesco/de/encyclicals/documents/papa-francesco_20201003_enciclica-fratelli-tutti.html (Stand: 08.01.2024).

Kapitel 5:
Falsche Erwartungen an die Personalpolitik der Peripherie

Sie sitzen neben Papst Franziskus, die 11 Kirchenmänner, die jetzt die Kardinalswürde erhalten werden. Einer nach dem anderen erhebt sich, tritt nach vorn, kniet vor dem Papst nieder. Aus seinen Händen erhalten die Neokardinäle die traditionelle Kopfbedeckung, das rote Birett, den Kardinalsring und ihre Ernennungsurkunde. Auch in seinem 7. Konsistorium vom November 2020 kreiert Franziskus Kardinäle aus entlegenen und teils auch aus nicht-christlichen Weltregionen. Etwa Antoine Kambanda von Kigali, der die Folgen des Völkermords in seinem Heimatland Ruanda erlebt hat. Oder Cornelius Sim aus dem Sultanat Brunei, der erste einheimische Bischof des erdölreichen Kleinstaats in Südostasien, der seine Kirche als »Peripherie der Peripherie« bezeichnete. Sie gehören ab sofort zum erlauchten Kreis der Papstwähler. Über 70 Prozent von ihnen sind heute von Franziskus ernannt. Viele Reformkatholiken halten die Personalpolitik der Peripherie für Franziskus' eigentliche Revolution. Gewiss, das Kollegium wird immer globaler, und die Wahrscheinlichkeit ist groß, dass auch der nächste Papst aus dem Süden kommt. Das heißt aber nicht, dass die neuen Kardinäle aus Afrika, Asien und Lateinamerika besonders reformorientiert wären. Im Gegenteil: Unter den Kardinälen der Peripherie finden sich vom Exorzisten über homophobe Moraltheologen bis zu Missbrauchsvertuschern alle möglichen Repräsentanten der traditionalistischen Kirche. Der Papst wählt sie vor allem nach ihrem karitativen und (sozial-)politischen Engagement aus – dies umso lieber, wenn sich ihre Herde in bedrängter Situation befindet.

Bei seinem siebten Konsistorium im November 2020 gingen die alt-ehrwürdigen Erzbistümer Turin und Mailand sowie das Patriarchat Venedig abermals leer aus. Auch der Erzbischof von Paris blieb wiederum ohne Kardinalswürde, ebenso der Erzbischof von Berlin oder jener von Krakau. Stattdessen bekamen weit entlegene Ortskirchen den Zuschlag, die bisher nie einen Purpurträger hatten. Das hat bei Franziskus System.

In seinen insgesamt neun Konsistorien ernannte er mit Vorliebe Erzbischöfe der Peripherie zu Kardinälen. Es ist ja gerade Franziskus' Art, mutige und sozialpolitisch engagierte Kirchenmänner und solche, die in bedrängter Situation leben, ins Kardinalskollegium aufzunehmen. Oft bekommen diese Ortskirchen zum ersten Mal einen Purpurträger. Kigali etwa erhielt 2020 mit Antoine Kambanda erstmals einen Kardinal. Er hatte die Folgen des Völkermords in seinem Heimatland Ruanda hautnah erlebt. Bis auf einen seiner Brüder wurde die gesamte Familie 1994 beim Völkermord an den Tutsis ermordet. Unter anderem als Direktor der Kommission *Justitia et Pax* in Kigali war Kambanda viele Jahre in die Aufarbeitung des Völkermordes und in den Versöhnungsprozess involviert. Man darf sich aber nicht täuschen. Er gehört zu den vielen von Franziskus ernannten Kardinälen im Süden – ob Afrika, Asien oder Lateinamerika – die zwar sozialpolitisch besonders aktiv, aber innerkirchlich nicht reformorientiert sind. So zeigte sich der in den 90er Jahren in Rom promovierte Moraltheologe und spätere Professor in dieser Disziplin skeptisch gegenüber dem Synodalen Weg in Deutschland: »Die Weltkirche hat eine sicherere Stimme«,[1] sagte er im Gespräch mit der *Tagespost* und mahnte, sich dem Wort Gottes und der Weltkirche unterzuordnen. Der Moraltheologe mit Schwerpunkt Familie steht auch klar hinter der verurteilenden Lehre der Kirche zur Homosexualität, schließlich sei diese nicht auf die Weitergabe des Lebens ausgerichtet: »Wenn jemand gleichgeschlechtliche Neigungen hat, ist er oder sie dazu gerufen, sich in Keuschheit zu üben«, forderte Kambanda in Einklang mit dem Weltkatechismus. Und: »Wir beten für die Menschen, die diese Neigung haben, und helfen ihnen, aber sie müssen auch bereit sein, sich dem unterzuordnen, was Gott von ihnen verlangt.«[2] Die Frage der Homo-Ehe werde in Afrika gar nicht diskutiert, sagte Kambanda. Dort seien eben andere Probleme wichtig, Fragen des Überlebens.

Engagiert für die Armen, ewiggestrig in der Moral

Das sieht der Erzbischof von Kinshasa, Fridolin Ambongo Besungu, gleich. Vor den Medien in Rom stellte er zum Auftakt der Weltsynode klar: Er wolle bei dieser nicht über den Umgang der Kirche mit Homosexuellen sprechen. Von Franziskus 2019 zum Kardinal und später in den erlauchten Kardinalsrat berufen, ist Ambongo der einflussreichste afrikanische Würdenträger. Nach Erscheinen der Vatikan-Erklärung *Fiducia supplicans* avancierte er beim Protest gegen den Homo-Segen zum Wortführer der afrikanischen Bischöfe. Auch der mutige Fürsprecher für Demokratie, Freiheit und Umweltschutz im Kongo hatte in Rom Moraltheologie studiert und dozierte diese später als Professor in Kinshasa.

Bei der Ernennung von Kardinalen im Süden scheint dieses Profil – engagiert für die Armen, ewiggestrig in der Moral – ein Muster zu sein. Es trifft etwa auch auf Sérgio da Rocha zu, den Erzbischof von Salvador de Bahia und Primas von Brasilien, bereits 2016 von Franziskus zum Kardinal gekürt. Als ein Geistlicher nach Gusto des Papstes ist er stark sozial engagiert: Er ist oft in den Armenvierteln seines Sprengels anzutreffen und hatte dem damaligen brasilianischen Präsidenten Jair Bolsonaro wegen der Abholzung des Regenwaldes ins Gewissen geredet. Auch Da Rocha hat ein Doktorat in

Moraltheologie in Rom erworben, an der Lateran-Universität, und wurde später Professor für Moraltheologie. Vor der Amazonas-Synode meinte er gegenüber dem Autor und Vatikanisten Fabio Marchese Ragona zur Frage der *Viri probati*, der Zölibat könne in einer so weitläufigen Gegend wie Amazonien, die arm sei an Evangelisten, noch notwendiger sein als sonst wo, weil er eine größere Disponibilität zum pastoralen Dienst ermögliche. Was homosexuelle Beziehungen betrifft, findet er es richtig, dass Papst Franziskus mit Respekt auf solche Menschen zugehe. Zugleich aber verurteile dieser ganz klar die Genderideologie. Die Werte des Evangeliums müssten immer bewahrt werden.[3]

Kardinäle der Diaspora

Franziskus ernennt nicht nur gerne Kardinäle in entlegenen Weltgegenden, sondern auch solche, die in einem muslimischen oder buddhistischen Land wirken, also in der Diaspora. Meist wird einem dann erst bewusst, dass auch dort Katholiken leben. Im Konsistorium vom November 2020 machte er den 69-jährigen Cornelius Sim aus dem Sultanat Brunei zum Kardinal, den ersten einheimischen Bischof des erdölreichen Kleinstaats in Südostasien überhaupt. Als Sim Kardinal wurde, bezeichnete er seine Kirche als »Peripherie der Peripherie«. Nur knapp neun Prozent der ca. 450 000 Einwohner Bruneis sind Christen, Staatsreligion ist der Islam. Allerdings starb der frühere Ingenieur beim Shell-Konzern ein halbes Jahr nach seiner Kardinals-Ernennung.

Schon länger im Amt ist Louis-Marie Ling Mangkhanekhoun, Apostolischer Vikar von Vientiane in Laos. Im buddhistisch dominierten Staat gibt es ca. 100 000 Katholiken. Sie sind diskriminiert und müssen versteckt leben – »so wie damals die Christen in den römischen Katakomben«, so der Neu-Kardinal im Interview mit Ragona.[4] Er war mehrere Jahre lang im Gefängnis. Als er von seiner Ernennung hörte, fragte er sich: »Wie ist es möglich, dass der Heilige Vater meinen Namen kennt? Ich bin der kleinste der kleinen Bischöfe der Welt.« In nicht-christlicher Umgebung wirken auch der Kardinal von Bangkok, Francis Xavier Kovithavanij, wo gerade mal ein Prozent der Bevölkerung Christen sind, oder Jean Zerbo, Erzbischof von Bamako, Mali, mit drei Prozent Christen. In der Diaspora wirken etwa der stark interreligiös engagierte William Goh Seng Chye, Erzbischof von Singapur, oder in Indien Filipe Neri António Sebastião do Rosário Ferrão.

Personalpolitik des Papstes: Die eigentliche Revolution?

Gerade für viele Reformkatholiken erweist sich Franziskus in seiner Personalpolitik als der große Reformer. Journalisten sprechen davon, dass der Papst mit den insgesamt neun Konsistorien die Weichen gestellt habe für einen Nachfolger seines Zuschnitts. Das ist richtig. Aber ist die Personalpolitik des Papstes wirklich »Die stille Revolution«, wofür sie verschiedene Stimmen halten?[5] Gewiss, die Kirche wird unter Franziskus weltweit, erlebt eine nie dagewesene Globalisierung des Kardinalkollegiums. Lateinamerika, Afrika und vor allem Asien sind für Franziskus wichtiger als die alten Kirchen in Europa und Nordamerika. Die Wahrscheinlichkeit steigt erheblich, dass die Kardinäle des Südens keinen Italiener oder Europäer zum nächsten Papst wählen werden, sondern einen der ihren. Im Unterschied zu Johannes Paul II. und Benedikt XVI. ernennt Franziskus zahlreiche liberalere Bischöfe oder zumindest offene und kommunikative Kirchenmänner. Das heißt aber keineswegs, dass sie reformorientiert sind. Über die »Exoten-Kardinäle« weiß man, abgesehen von ihrem sozialpolitischen Engagement, eh sehr wenig. Erstaunlich immer wieder, dass reformorientierte Katholiken in solchen Kardinälen der Peripherie und der Diaspora die Galionsfiguren einer Kirche der Zukunft sehen, die für frischen Wind sorgen würden. Dabei entsprechen die wenigsten von diesen den eigenen Reformforderungen. Für viele Kardinäle des Südens sind diese zweitrangig und treten hinter sozialpolitischen und karitativen Zielen zurück.

Es war schon immer so: Neuerungen gehen nicht von der Diaspora aus. Gerade Diaspora-Kardinäle in kulturell-religiös fremder Umgebung halten sich in der Regel an die alten Gewissheiten und die traditionelle Identität. Zudem kennt man die Purpurträger in Hanoi, Bangui, Osaka, Yangon, Jakarta oder Ouagadougou schlicht zu wenig und fragt sich, ob denn Franziskus sie kenne. Viele scheinen ein ähnliches Profil zu haben wie er: sozialpolitisch engagiert, konservativ in der Lehre. Das gilt auch für den Diaspora-Bischof Giorgio Marengo, den Franziskus im Jahr 2022 zum jüngsten Kardinal kürte, damals 48-jährig. Der gebürtige Italiener ist seit über 20 Jahren als Missionar in der Mongolei, wo gerade mal 1500 Katholiken leben. Im September 2023 besuchte Franziskus dessen Sprengel, der neun Kirchen umfasst, 25 Priester und 30 Ordensfrauen, insgesamt aus 30 Ländern. Die dominierende Religion ist der Buddhismus, präziser der Lamaismus. Immer stärker lebt auch der Schamanismus wieder auf. Marengo wird von den Medien gern als weltweit jüngster Kardinal porträtiert, der frischen Wind in den Senat des Papstes bringen werde.

Wobei man nicht weiß, ob Franziskus den Italiener wegen seines missionarischen Eifers oder wegen seines volkstümlichen Glaubens an den Teufel auserkoren hat. Marengo genoss eine klassische theologische Ausbildung an italienischen Fakultäten, ließ sich zum Missionar ausbilden und trat der Ordensgemeinschaft der Consolata-Missionare bei. Seine kleine Herde in der Mongolei vergleicht er selber mit den ersten Jüngern, die Jesus aussandte, um Dämonen auszutreiben und Kranke zu heilen. Tatsächlich wirkt Marengo seit über 20 Jahren als Exorzist, was in der Mongolei mit seinen vielen schamanistischen Anhängern besonders gut ankommt. Dort befreit er gleicherweise Christen wie Nicht-Christen von dämonischen Einflüssen. Für Priester, die beauftragt sind, Exorzismen zu praktizieren, ist er zur wichtigen Referenz geworden. Der Kardinal setzt auf eine »angemessene Katechese über das Wirken des Teufels und die Möglichkeiten, ihm entgegenzuwirken«, wobei die »Fragen der Dämonologie« eine besondere Rolle spielen.[6]

Schließlich ist er entsprechend ausgebildet. Als Student in Rom hatte er an der ultrakonservativen Universität der Legionäre Christi die Ausbildung für »Exorzismus und Befreiungsgebet« absolviert. 2022 war er dann selber einer der Referenten, der innerhalb dieser Ausbildung bei den Legionären Christi über die »Rolle der Bischöfe bei der Ausübung des Exorzismus in westlichen Ländern und in Missionsgebieten« dozierte. Es sei üblich, sagte er damals gemäß *Aleteia*, dass Nicht-Christen zu ihm kämen und ihn bäten, sie vom Wirken des Teufels zu befreien. Marengo zufolge ist der Teufel der Spalter, »der unsere Beziehung zu Christus behindert«.[7] Und weiter: Menschen, die sich in der Mongolei auf die Taufe vorbereiteten, seien besonderen Hindernissen ausgesetzt, die das Wirken des Bösen offenbaren und sie zu abergläubigen Praktiken verleiten, die mit der Offenbarung Christi unvereinbar seien. Darum müssten katholische Priester, wie damals die Jünger Christi, Dämonen austreiben und Kranke heilen.[8]

Aberglauben, aber auch Neuheidentum will Marengo ausgerechnet mit dem Exorzismus bekämpfen. Aberglauben sei nicht nur in der Mongolei eine Herausforderung, sagte er.[9] Auch die Neuheidnisierung der Gesellschaften weltweit sei ein Zeichen dafür, dass der

Teufel auf die Seele einwirke, um sie von der Wahrheit abzubringen. Die abergläubigen Praktiken spiegelten einen »Mangel an Glauben« – das Befreiungsgebet gegen den Teufel umgekehrt offenbar einen starken Glauben.

Diesen handfesten volkstümlichen Glauben an den Teufel teilt Marengo mit Franziskus. Für beide ist der Teufel nicht bloß ein Mythos, sondern Realität. So äußerte sich Franziskus in einem Interview mit dem italienischen Fernsehen.[10] Für Marengo ist der Teufel die Realität hinter abergläubigen Praktiken, für Bergoglio Realität hinter dem sexuellen Missbrauch durch Kleriker, aber auch hinter der selbst von Priestern und Nonnen konsumierten digitalen Pornografie. In dem Gespräch gestand Franziskus, dass er jeden Morgen in einem kurzen Gebet um Beistand gegen den Teufel bete: »Jemand, der mich hört, könnte sagen: ›Aber Heiliger Vater, Sie haben studiert, Sie sind Papst und glauben immer noch an den Teufel?‹«, erzählte Franziskus.[11] In dem Fall würde er antworten: »Ja, das tue ich, mein Lieber, das tue ich. Ich habe Angst vor ihm, deshalb muss ich mich ja auch so sehr verteidigen.«[12]

Bei Marengo wie bei Bergoglio ist der Glaube an den Teufel also weniger intellektuell reflektiert, sondern Teil der volkstümlichen Frömmigkeit und der praktischen Seelsorge. Franziskus belohnt darum auch Geistliche für ihre stark volkstümliche Ausrichtung mit dem Kardinalspurpur.

Politisch motivierte Kardinals-Ernennungen

Bei vielen anderen Ernennungen hat man das starke Gefühl, dass für Franziskus das (sozial-)politische Engagement oder ein manchmal fast märtyrerhaftes Auftreten in Konfliktgebieten und -situationen maßgebend sind. Das gilt zum Beispiel für Anthony Poola, Erzbischof von Hyderabad. Nach seiner Kardinalskreierung 2022 bekräftigte Poola gegenüber *Vatican News*, zu den Dalit zu gehören, und nannte die Ernennung eine gute Nachricht für die Dalit-Katholiken und für die gesamte Kirche in Indien.[13] Zu den Dalit gehören alle Gruppen, die einst als »Unberührbare« galten. Etwa 200 Millionen der 1,48 Milliarden Inder gehören zu dieser sozial diskriminierten Gruppe. Rund 60 Prozent der 25 Millionen Christen Indiens sind Dalit; ihr Anteil unter Indiens Katholiken liegt bei 75 Prozent. Papst Franziskus wolle mit dieser Entscheidung die indischen Christen ermutigen, so der 60-jährige Neo-Kardinal, der aus dem Bundesstaat Andhra Pradesh stammt.

Auch mehrere Kardinalsernennungen beim jüngsten Konsistorium vom 30. September 2023 waren politisch motiviert: etwa jene des Erzbischofs Stephen Ameyu Martin Mulla von Juba, Hauptort des im Bürgerkrieg versehrten Südsudan. Franziskus war nur Monate zuvor auf friedenspolitischer Mission in das gebeutelte Land gereist. Einen (kirchen-)politischen Hintergrund hat auch die Ernennung des Jesuiten-Bischofs von Hongkong, Stephen Chow Sau-Yan – der gerade von einer offiziellen Reise nach Peking zurückgekehrt war. Er soll denn auch eine Brücke zu China bilden. Die Ernennung zeige, dass Franziskus den Menschen in Hongkong zugetan sei. Wobei er sich nie zu den prodemokratischen Demonstrationen oder zur Einführung des nationalen Sicherheitsgesetzes im Juni 2020 geäußert hatte, schrieb der Journalist Benedict Rogers.[14] Immerhin habe Franziskus nicht Pekings Erzbischof Li, Vorsitzender der Katholischen Patriotischen Vereinigung, zum Kardinal gemacht. Aber auch Chow nehme eine »besorgniserregend sanfte und versöhnliche Kompromisshaltung zu Peking ein«.[15]

Erwähnt sei auch die Ernennung von Pierbattista Pizzaballa, Lateinischer Patriarch von Jerusalem, der die Christen im Heiligen Land stärken soll. Der frühere Professor für Judaistik war immer für eine Zwei-Staaten-Lösung eingetreten. Im Oktober 2023 stieß er die israelische Regierung vor den Kopf, als er das Hamas-Massaker auf Israel eine »Operation« nannte und sich besorgt zeigte über Israels »Reaktion«. Tage später bot er sich dann selbst für einen Austausch gegen Geiseln der Hamas an.

Obwohl Franziskus sonst gern auf die Dekolonialisierung seines Personals setzt, ist Pizzaballa Italiener. Das Amt des Lateinischen Patriarchen von Jerusalem geht auf die Kreuzritterzeit zurück und wurde 1874 von Papst Pius IX. wiederbelebt.

Der neue Kardinal Grzegorz Ryś, Erzbischof von Łódź, wiederum ist ein stark missionarisch und pneumatologisch engagierter Kirchenmann und gilt als einer der wenigen liberalen Bischöfe Polens. Er hat sich schon gegen die nationalkonservative PiS-Partei gestellt und deren Vorsitzendem und Vize-Regierungschef Jarosław Kaczyński vorgeworfen, die Kirche für die Politik zu instrumentalisieren, als dieser im letzten Juli bei einer Wallfahrt des Kirchensenders *Radio Maryja* nach Tschenstochau vor Tausenden Pilgern für seine Partei geworben hatte. Auf die Kirche und ihren heiligen Johannes Paul II. lasst Ryś allerdings nichts kommen. Zu Beginn des Jahres 2023 wurden gegen den von Franziskus heiliggesprochenen Polen-Papst abermals massive Vorwürfe wegen Vertuschung von Missbrauch und wegen seiner Freundschaft mit dem notorischen Kinderschänder Marcial Maciel laut. Worauf sich Ryś resolut vor Wojtyla stellte: »Niemand in der Welt versteht, was die Polen heute mit Johannes Paul II. machen«, sagte er zum polnischen Portal *Onet.pl*.[16] Und er ließ keinen Zweifel daran, dass der von verschiedensten Seiten unter Beschuss stehende polnische Papst nach kritischer Forschung makellos aus der Geschichte hervortreten werde.

Im Konsistorium von 2022 ernannte der Papst gleich zwei Erzbischöfe zu Kardinälen, die als progressive Bergoglianer gelten, wegen Vorwürfen der Missbrauchsvertuschung aber in Negativ-Schlagzeilen gerieten. Zum einen Robert McElroy von San Diego, der sich für Migranten einsetzt und sich auch schon gegen Präsident Trump stark machte. Franziskus machte ihn, den Erzbischof der eher unbedeutenden US-Diözese, zum Kardinal und nicht den ungleich mächtigeren, aber konservativen Vorsitzenden der US-Bischofskonferenz, Timothy P. Broglio, seit 2008 Militärbischof der USA. McElroy wurde vorgeworfen, er sei 2016 schriftlich und in Gesprächen mehrfach auf den Missbrauch des früheren Erzbischofs von New York, Theodore McCarrick, an Seminaristen und Priestern in Kenntnis gesetzt worden, habe aber nichts unternommen – genauso wenig wie damals Franziskus selber reagiert hatte. Zum anderen Oscar Cantoni, Erzbischof des kleinen Bistums Como. Als früherer Bischof von Crema hatte er mit direkter Hilfe von Franziskus für einen bekannten Priester der Bewegung *Comunione e Liberazione*, der Jugendliche in der Beichte sexuell missbraucht hatte, eine Minderung der kirchlichen Strafe erwirken können: Statt Entlassung aus dem Klerikerstand bloß »ein Leben in Gebet und demütiger Zurückhaltung«. Später dann düpierte die italienische Justiz Papst und Bischof durch Verurteilung des Priesters zu einer mehrjährigen Haftstrafe.

Seit dem letzten Konsistorium vom 30. September 2023 gibt es 137 wahlberechtigte Kardinäle aus 70 Ländern, also 17 mehr als die von Papst Paul VI. als Obergrenze definierte Zahl von 120. Europa hat heute 53 Papstwähler und stellt noch immer die größte Gruppe, aber nicht mehr die absolute Mehrheit im Kollegium. Davon sind 15 Italiener. Lateinamerika hat 24 Papstwähler, Asien 23, Afrika 19, Nordamerika 15 und Ozeanien drei Papstwähler. Franziskus hat über 70 Prozent der wahlberechtigten Kardinäle ernannt, insgesamt 112 Purpurträger, wovon 99 zur Papstwahl berechtigt sind.

Die italienische Kardinals-Fraktion ist noch immer die größte nationale Gruppe, doch ist der Anteil der Italiener stark gesunken. Es gibt gegenwärtig 47 italienische Kardinäle, von denen 15 wahlberechtigt sind. Auch Franziskus ernennt immer wieder Italiener, dies meist aufgrund persönlicher Sympathie und ihres (sozial-)politischen Hintergrunds. Mauro Gambetti beispielsweise, den Kustos des Konvents von Assisi, dem Mutterkloster der franziskanischen Gemeinschaft. Oder Giuseppe Petrocchi aus L'Aquila. Dieser interpretierte seine »unerwartete« Ernennung selber als »Zeichen der Nähe« des Papstes zu den Opfern des Erdbebens von 2016 in Mittelitalien. Voller Symbolkraft auch die Ernennung von Francesco Montenegro im Februar 2015. Er war damals Erzbischof von Agrigent, zu dessen Bistumsgebiet bis zu seinem altersbedingten Rücktritt auch die Flüchtlingsinsel Lampedusa gehörte. Franziskus' erste Reise als Papst außerhalb Roms galt bekanntlich dieser Insel. Montenegro war lange mit der Migration übers Mittelmeer befasst und trug stets ein von den Flüchtlingen gefertigtes Holzkreuz.

Matteo Zuppi und die päpstliche »Friedensmission«

Auch wenn sehr plausibel ist, dass die aktuellen Purpurträger neuerdings einen aus der südlichen Hemisphäre stammenden Purpurträger zum Papst wählen werden, gilt ein italienischer Kardinal als besonders *papabile*, nämlich Matteo Zuppi, seit 2015 Erzbischof der traditionell linken Industrie- und Universitätsstadt Bologna und Präsident der italienischen Bischofskonferenz. Er, ein Kenner der Literatur und Philosophie und zehn Jahre Pfarrer in der beliebten römischen Kirche Santa Maria in Trastevere, setzt sich nicht nur für Migranten, Obdachlose und für Homosexuelle ein. Vor allem ist er der Mann des Papstes für dessen »Friedensmission« in der Ukraine. So sandte Franziskus Zuppi im Juni 2023 nach Kiew, Moskau und Washington, dann nach Peking, wo er allerdings nur humanitär, nicht aber friedenspolitisch punkten konnte.

Zuppi ist eine Hauptfigur der Bewegung *Sant'Egidio* und gehörte bereits zu den Vermittlern beim Friedensabkommen mit Mosambik nach 16 Jahren Bürgerkrieg. Das Friedensabkommen von Rom vom 4. Oktober 1992 gilt als die größte diplomatische Leistung der Gemeinschaft. Seit langem pflegt *Sant'Egidio* intensive Kontakte zu Patriarch Kyrill und zur russisch-orthodoxen Kirche. Die Übertragung der Friedensmission an Zuppi zeige, dass Franziskus vor allem am Dialog mit Russland interessiert sei, wird kritisiert. Wie der Gründer Andrea Riccardi hat es Zuppi stets vermieden, das Recht der ukrainischen Nation, sich mit Waffen gegen die russische Invasion zu verteidigen, und auch ihre Aufrüstung durch den Westen klar zu unterstützen (siehe Kapitel 8).

Im Zusammenhang mit der völkerrechtswidrigen Invasion der Ukraine durch Russland muss man sich fragen, warum Franziskus ausgerechnet den im Konflikt auf ukrainischer Seite exponiertesten Erzbischof nicht zum Kardinal erkoren hat. Nämlich den in schwieriger Situation beherzt gegen Russland und seinen Patriarchen auftretenden Swjatoslaw Schewtschuk, Großerzbischof der mit Rom verbundenen griechisch-katholischen Kirche der Ukraine. Auch er hatte übrigens in Rom ein Doktorat in Moraltheologie erworben. Franziskus kennt ihn gut – aus der Zeit, als Schewtschuk Weihbischof und später Apostolischer Administrator in Buenos Aires war. In Sowjetzeiten wurde die katholische ukrainische Kirche verfolgt und in die russisch-orthodoxe Kirche zwangsintegriert. Seit der Rückkehr aus dem Untergrund nach dem Zerfall der Sowjetunion genießt sie mit ihrer pro-ukrainischen Haltung große moralische Autorität. Umso mehr wäre es ein längst fälliges Zeichen der Solidarität mit den Ukrainern gewesen, hätte ihn der Papst mit dem Kardinalspurpur aufgewertet.

Doch der Erzbischof hatte das Liebäugeln von Franziskus mit dem russisch-orthodoxen Patriarchen Kyrill immer wieder kritisiert.

Schon 2016 nach dem Abkommen mit Kyrill auf Havanna, vor allem dann im Ukraine-Krieg. »Wir möchten, dass sich der Papst auf diplomatischer, politischer Ebene eindeutig auf die Seite der Ukraine stellt und den Aggressor beim Namen nennt und verurteilt«, sagte Schewtschuk dem Nachrichtenportal *glavcom.ua*.[17] »Ich möchte, dass er klar sagt, wer der Angreifer ist, und wer das Opfer ist.« Es habe weh getan, dass der Vatikan im Krieg eine neutrale Position einnehme. Aus Sicht des Erzbischofs ist »alles, was der Papst nach Beginn der groß angelegten Invasion für die Ukraine zu tun versucht hat, gescheitert.«[18]

Noch ein letzter Kardinal muss eigens genannt werden. Der, wie es heißt, persönliche Favorit des Papstes für seine Nachfolge neben Matteo Zuppi: Luis Antonio Tagle von den Philippinen. Noch von Benedikt zum Kardinal ernannt, holte Franziskus den Erzbischof von Manila 2019 an die römische Kurie und machte ihn zum Präfekten der Kongregation für die Evangelisierung der Völker. Der eventuelle Erbe und Thronfolger hat sich in der Heimat den Namen eines Kardinals der Armen erworben und war auch Präsident der *Caritas internationalis*. Der gewiss offene Kirchenmann wäre der erste asiatische Papst.

Das Kardinalskollegium verliert an Bedeutung

Franziskus' Vorliebe für Kardinäle der Peripherie ist fragwürdig. Auch bei der Personal- und Kardinalspolitik wird man den Eindruck nicht los, dass dieser Papst vor allem aus einem Bauchgefühl heraus und nach persönlicher Sympathie entscheidet. Der Symbolgehalt so mancher Ernennung kann schnell verpuffen. Abgesehen davon, dass man nicht weiß, ob Franziskus die Purpurträger seiner Wahl näher kennt, kennen sich die Kardinäle untereinander kaum. Sie treffen sich unter Franziskus nur ganz selten zu Vollversammlungen über zentrale Probleme der Kirche und stimmen über keinerlei Fragen ab. Lieber lässt er über aktuelle Fragen im kleinen Kardinalsrat debattieren als in seinem Senat. So ist das Kollegium weit davon entfernt, ein Beratungsgremium des Papstes zu bilden. Die Kardinäle der Peripherie, die sich kaum kennen, werden nicht ins Geschehen an der Schaltstelle der Macht einbezogen. Darum hat das Kollegium der Purpurträger nicht nur an Bedeutung verloren, ist vielmehr auch unübersichtlich geworden, was das nächste Konklave vor große Schwierigkeiten stellen wird.

In der Vorliebe des Papstes, personalpolitisch die Peripherien zu berücksichtigen, hat man auch seine Absicht bestätigt gesehen, die päpstliche Macht zu dezentralisieren. Dabei ist seine Personalpolitik undialogisch eigenmächtig: Er kürt Bischöfe und Kardinäle ganz nach seinem Gusto. Bei der Ernennung der neuen Bischöfe von Köln und Freiburg hatte er die in Konkordaten abgesicherte Mitsprache der ortskirchlichen Domkapitel einfach übergangen. Zu großen Zugeständnissen an die Ortskirchen bei der Wahl von Bischöfen ist er eh nicht bereit, wie die Kurienreform zeigt. Offensichtlich hat Martin Mosebach recht behalten, der Franziskus schon 2014 einen »Herrscher und Autokraten« nannte.[19] »Dieser Papst ist einer der autoritärsten, die wir seit Langem hatten«, urteilte auch Robert Spaemann.[20]

Anmerkungen

1   Veronika Wetzel, Antoine Kambanda: »Wir legen den Schwerpunkt auf die Familien«, Die Tagespost, 31.12.2022. Online: https://www.die-tagespost.de/kirche/weltkirche/antoine-kambanda-wir-legen-den-schwerpunkt-auf-die-familien-art-234629 (Stand: 08.01.2024).

2   Ebd.

3   Fabio Marechese Ragona, I Nuovi Cardinali di Francesco, San Paolo 2019.
    S. 133–136.

4   Ebd., S. 179 ff.

5   Siehe etwa Guido Horst, Die stille Revolution des Papstes, Die Tagespost,
    25.08.2022. Online: https://www.die-tagespost.de/kirche/vatikan-und-papst/
    die-stille-revolution-des-papstes-art-231555 (Stand: 08.01.2024).

6   Francisco Veneto, The youngest new cardinal of the Church has been an
    exorcist for more than 20 years, Aleteia, 21.07.2022. Online: https://aleteia.
    org/2022/07/21/the-youngest-new-cardinal-of-the-church-has-been-an-exor-
    cist-for-more-than-20-years/ (Stand: 08.01.2024).

7   Ebd.

8   Vgl. ebd.

9   Vgl. ebd.

10 Vgl. Papst Franziskus: Ich glaube an den Teufel und habe Angst vor ihm, kath.
    ch, 15.04.2022 Online: https://www.kath.ch/newsd/papst-franziskus-ich-glau-
    be-an-den-teufel-und-habe-angst-vor-ihm/ (Stand: 08.01.2024).

11 Ebd.

12 Ebd.

13 Deborah Castellano Lubov und Anne Preckel, Der erste Dalit-Kardinal Antho-
    ny Poola im Interview, Vatican News, 09.06.2022. Online: https://www.
    vaticannews.va/de/welt/news/2022-06/dalit-kardinal-konsistorium-anthony-
    poola-interview.html (Stand: 08.01.2024).

14 Vgl. Michael Lenz, Papst setzt Zeichen dagegen, domradio.de, 20.07.2023.
    Online: https://www.domradio.de/artikel/peking-greift-erneut-hongkong-durch
    (Stand: 08.01.2024).

15 Ebd.

16 Stefan Meetschen, Der Charismatiker: Erzbischof Grzegorz Ryś, Die Tagespost,
    14.07.2023. Online: https://www.die-tagespost.de/kirche/weltkirche/der-cha-
    rismatiker-erzbischof-grzegorz-rys-art-240183 (Stand: 08.01.2024).

17 Oliver Hinz, Verstehe den Schmerz nicht, domradio.de, 05.07.2023. On-
    line: https://domradio.de/artikel/unmut-ueber-franziskus-der-ukraine (Stand:
    08.01.2024).

18 Ebd.

19 Christoph Schmidt, Autor Mosebach über Franziskus und den neuen Stil
    der Kirche: »Ich will keinen Polit-Papst«, katholisch.de, 16.12.2014. Online:
    https://www.katholisch.de/artikel/3579-ich-will-keinen-polit-papst (Stand:
    08.01.2024).

20 Robert Spaemann, »Das Gefühl des Chaos wird man nicht ganz los«, Herder
    Korrespondenz Spezial 1/2015. Online: https://www.herder.de/hk/hefte/
    spezial/phaenomen-franziskus-das-papstamt-im-wandel/das-gefuehl-des-chaos-
    wird-man-nicht-ganz-los-die-philosophen-robert-spaemann-und-hans-joas-im-
    gespraech-ueber-das-neue-pontifikat/ (Stand: 08.01.2024).

Kapitel 6:
Die Kurienreform hat eine Maus geboren

Es ist das Reformprojekt von Franziskus mit dem längsten Vorlauf. Im März 2022 präsentiert der Papst seine Kurienreform, die er neun Jahre zuvor angekündigt hatte. Sie war mit großen Erwartungen verbunden, weil während des ganzen Pontifikats ein Thema, ohne dass Konkretes nach außen gedrungen wäre. Unmittelbar nach seiner Wahl im Frühjahr 2013 hatte Franziskus einen Kardinalsrat ins Leben gerufen, der ihm bei der Leitung der Weltkirche helfen und mit ihm eine Reform der Kurie durchführen sollte. Hat der Berg eine Maus geboren? Die einst 21 Dikasterien werden auf 16 abgespeckt. Unter diesen kommt es zu Verschiebungen: Evangelisation und Mission werden stark aufgewertet, die Glaubenskongregation wird neu und weniger prominent positioniert. Laien und Frauen werden für würdig befunden, sogar Kurienbehörden zu leiten. Tatsächlich hat Franziskus auch Frauen in Leitungsämter gehievt, noch nie aber ganz an die Spitze eines Dikasteriums. Vor allem soll die Kurie durch Dezentralisierung zum Dienstleister für die Ortskirchen werden, wobei nicht ersichtlich ist, wie das umgesetzt werden soll. Eine unmittelbare Relevanz für die Gläubigen hat die Kurienreform nicht.

Die Präsentation der 50-seitigen Apostolischen Konstitution *Praedicate Evangelium* war mit großer Spannung erwartet worden, auch weil die Kurienreform durch den neuen K9-Rat schon ganz zu Beginn des Pontifikats angekündigt und von den Vatikanisten und Journalisten zum grundstürzenden Ereignis deklariert worden war. Von der Kurienreform versprachen sie sich nicht weniger als Dezentralisierung, Subsidiarität, Aufwertung der Synoden und der Ortskirchen, kurz: eine Abkehr vom monarchischen Regierungsmodell. Letzteres ist sicher nicht der Fall. Die vorgestellte Kurienreform verspricht viel, doch wie immer bei Franziskus muss man abwarten, ob es bei Ankündigungen bleibt oder ob auch konkrete Schritte folgen. Tatsächlich liest sich *Praedicate Evangelium* mit 250 Artikeln wie ein Leitbild.

Typisch für Franziskus, dass er die Evangelisierung zur obersten Zielsetzung der römischen Kurie erklärt. Das ist ja ein Grundimpetus seines Pontifikats und ein Gegengewicht zu Benedikt, dem die Glaubenskongregation als lehramtliche Wächterinstanz besonders am Herzen lag. Die Leitung der neuen Super-Behörde übernahm Franziskus gleich selber. Das Dikasterium für die Evangelisierung ist das Fusionsprodukt aus der Missionskongregation und dem Rat für die Neuevangelisierung. Folgerichtig wertet der Papst das päpstliche Fürsorgewesen, genannt »Almosenamt«, zum Dikasterium auf. Damit nimmt sein Programm einer missionarischen, auf die Armen ausgerichteten Kirche Gestalt an.

Laien und Frauen an die Spitze – wirklich?

Für weit mehr Schlagzeilen sorgte indes die Neuerung, dass alle Getauften, also nicht nur Priester und Bischöfe, sondern auch Laien und Frauen Kurienbehörden leiten können. Die Kurienreform muss »die Einbeziehung von Männern und Frauen im Laienstand auch in leitende und verantwortliche Funktionen vorsehen«, heißt es in *Praedicate Evangelium.*[1] Die Kurienordnung von Papst Johannes Paul II. aus dem Jahre 1988, die Konstitution *Pastor bonus*, hatte noch festgelegt, dass der Präfekt einer Kurienbehörde ein Kardinal oder ein Erzbischof sein müsse. Jetzt also kann auch ein Mann ohne Priesterweihe oder eine Frau ein solches Spitzenamt an der Kurie übernehmen.

Tatsächlich hatte Franziskus bereits Laien und Frauen in Spitzenämter gebracht: Schon im Juli 2018 hatte er den Nicht-Priester Paolo Ruffini zum Präfekten des neu gestalteten Dikasteriums für die Kommunikation ernannt. Und unmittelbar nach der Präsentation der Kurienreform im März 2022 machte er die Ordensfrau Alessandra Smerilli zur Sekretärin des päpstlichen Dikasteriums für die ganzheitliche Entwicklung des Menschen. Sie übernahm damit die höchste Führungsverantwortung, die je eine Frau im Vatikan ausgefüllt hat, als Nummer Zwei eines päpstlichen Ministeriums hinter dem Kardinalpräfekten Kardinal Michael Czerny. Ganz an die Spitze eines Dikasteriums schaffte es noch keine Frau.

Auch nicht die im November 2021 zur neuen Generalsekretärin des vatikanischen Governorats, der Staatsverwaltung, ernannte italienische Ordensfrau und Sozialwissenschaftlerin Raffaela Petrini. Damit ist sie die Nummer Zwei im Staat der Vatikanstadt und bleibt Kardinal Fernando Vérgez Alzaga, dem Regierungschef, unterstellt. Bereits seit 2017 ist die Kunsthistorikerin Barbara Jatta Direktorin der Vatikanischen Museen. Bezeichnenderweise steigen im Vatikan Frauen vor allem in administrative Chargen auf, für die nicht unbedingt die Weihe erforderlich ist. Die höchstgestellten Frauen im Vatikan sind meistens an die Gelübde gebundene Ordensfrauen.

Untersekretärinnen beim Heiligen Stuhl wirken derzeit an den Dikasterien für Orden, für Laien, Familie und Leben, sowie für Kultur und Bildung. Auch im Generalsekretariat der Synode wirkt mit der französischen Ordensfrau Nathalie Becquart eine Untersekretärin, wobei die Synode nicht zur Römischen Kurie gehört. Neu gibt es unter Franziskus auch weibliche »Sekretäre« päpstlicher Kommissionen, die allerdings andere Aufgaben als Dikasterien haben. 2021 ernannte der Papst die Bibelwissenschaftlerin Núria Calduch-Benages, eine spanische Ordensfrau, zur Sekretärin der päpstlichen Bibelkommission, die dem Glaubensdikasterium angegliedert ist, und 2022 berief er die argentinische Theologin Emilce Cuda zur Sekretärin der Päpstlichen Kommission für Lateinamerika am Bischofsdikasterium.

Keine Frage, Franziskus hat erheblich mehr Frauen mit Leitungsaufgaben betraut als jeder andere Papst vor ihm. Solange er aber Frauen nicht zur Weihe zulässt, kann man nicht von einer wirklichen Reform oder von einem qualitativen Sprung sprechen. Obwohl neuerdings in der Kirche von einer teilweisen Entkoppelung von Weihe und Verantwortung gesprochen wird, bleibt die Leitungsvollmacht an die den Männern vorbehaltene Weihe gebunden. Somit ist es doch sehr fraglich, ob künftig tatsächlich auch Laien und Frauen ganz an der Spitze von Kurienbehörden stehen werden. Wie gesagt setzt der Papst gerne Juristinnen und Verwalterinnen in Bereichen der Administration ein. Dass je eine Frau oder ein Laie der Glaubenskongregation, der Bischofskongregation, der Kleruskongregation oder der Heiligsprechungskongregation vorstehen wird, ist unvorstellbar. Fraglich auch, ob hohe Würdenträger anderer Religionsgemeinschaften wie die Muslime oder die Orthodoxen, die dem Papst so wichtig sind, Laien ohne Titel und Insignien akzeptieren würden. Es scheint schlicht unmöglich, dass ein Mann oder gar eine Frau in protestantisch-nüchternem Zivil die Rolle von Kardinal Matteo Zuppi übernehmen könnte, der auf seiner »Friedensmission« im letzten Sommer von den Präsidenten Biden und Selenskyj und vom russisch-orthodoxen Patriarchen Kyrill empfangen wurde.

Das Idealbild einer Kurie im Dienste der Ortskirchen

Von allem Anfang an war die Kurienreform mit dem Desiderat der Dezentralisierung verknüpft. Das Postulat war bereits ein zentraler Punkt in der programmatischen Schrift *Evangelii gaudium*, mit der

Papst Franziskus 2013 seine Vision einer zeitgemäßen Kirche skizzierte. In *Praedicate Evangelium* heißt es folgerichtig: Die Kurie stehe in Zukunft nicht mehr nur im Dienst des Papstes, sondern auch der Bischöfe und der Bischofskonferenzen der Welt. Die Reform ziele auf eine »gesunde Dezentralisierung« der Kirche. Die Kurie solle den Bischöfen »die Kompetenz überlassen«, als Hirten, Lehrer und Seelsorger »die Fragen zu lösen, die sie gut kennen«, soweit sie »die Einheit der Lehre, der Disziplin und der Gemeinschaft der Kirche nicht berühren.«[2] Die neue Verfassung soll eine Reform der Kirche gemäß dem Prinzip der Synodalität, der Subsidiarität und der Dezentralisierung fördern.

Der Journalist Johannes Schidelko folgerte gegenüber *Vatican News* daraus: »Die Kurie muss den Ortskirchen zuarbeiten … Sie soll vom beargwöhnten Kontrollinstrument zum gesuchten Dienstleister für die Ortskirchen werden. Damit relativiert sich dann aber auch durchaus die eigene Macht der Kurie. Aber Rom muss bestimmte Vorgänge und Dokumente, die die örtlichen Kirchen betreffen, mit diesen abstimmen.«[3] Ein frommer Wunsch? Jedenfalls hat die Kurie bei der Maßregelung des Synodalen Weges in Deutschland wieder klar die Rolle eines Leitungs- und Kontrollinstruments übernommen und Postulate wie das gemeinsame Abendmahl, die Segnung homosexueller Partnerschaften oder die Schaffung eines gemischten Ausschussorgans für den Synodalen Weg abgeschmettert.

Auch eine andere Reformankündigung in *Praedicate Evangelium* verspricht offenbar mehr als sie einlöst: Das Bischofsdikasterium sollte künftig bei der Auswahl von Bischöfen nicht nur die Vorschläge der Ortskirchen und der Nuntiaturen hören, sondern darüber hinaus »in geeigneter Form auch die Mitglieder des Gottesvolkes der betreffenden Diözesen« miteinbeziehen.[4] Als aber kurz darauf das Erzbistum Paderborn einen der zentralen Reformbeschlüsse des Synodalen Wegs umsetzen und eine Mitwirkung von Laien bei der

Wahl eines neuen Bischofs ermöglichen wollte, schritt der Vatikan ein. 14 Frauen und Männer wollten im Herbst mit dem Domkapitel zusammen eine Vorschlagsliste geeigneter Personen für die Nachfolge von Erzbischof Hans-Josef Becker erstellen. Worauf sie im April 2023 Post vom Dompropst bekamen: »Um die Rechtmäßigkeit der Wahl zu wahren, haben wir daher keine Möglichkeit, Sie weiterhin am Verfahren der Bischofswahl zu beteiligen.«[5] Der Grund: Dem Domkapitel sei über den Nuntius des Papstes in Deutschland, Nikola Eterović, eine entsprechende »klare Antwort aus Rom« übermittelt worden. Nach einer Prüfung sei nun entschieden, dass eine weitere Beteiligung von Personen über die Mitglieder des Domkapitels hinaus nicht möglich sei. Wieder mal folgte der Ankündigung ein Rückzieher – das ist Reform à la Franziskus.

Insgesamt macht die Konstitution nicht deutlich, wie sie ihr Hauptversprechen der Dezentralisierung – einer Kurie im Dienste der Bischöfe – einlösen will und kann. Ein wirklicher Reformschritt wäre es gewesen, den Ortskirchen das Bischofswahlrecht zurückzugeben – gewiss mit einer nachträglichen Approbation des gewählten Oberhirten durch den Heiligen Stuhl. Doch dieser bleibt zentralistisch – und dies auch im Bildungswesen. Es gibt weiterhin keine Selbständigkeit für kirchliche Hochschulen und Fakultäten. Gewählte oder berufene Professoren an kirchlichen Bildungseinrichtungen bedürfen wie bisher des päpstlichen *nihil obstat*. Auch sonst greift der Vatikan bisweilen in die Hochschulpolitik ein. So verweigerte er zunächst dem ordentlichen Professor für Moraltheologie Martin Lintner das *nihil obstat* bei der Ernennung zum Dekan der Hochschule Brixen. Jedenfalls erweisen sich all die Jubelrufe nach Einberufung des K9-Rats durch Franziskus als massiv überzogen. Die monarchische Regierung ist keineswegs zum Auslaufmodell geworden. Das zeigt sich auch gerade daran, wie Franziskus die von ihm so hoch geschätzte Synodalität versteht (siehe Kapitel 7).

Bruch mit Ratzinger: Der Umbau der Glaubenskongregation

Mit der Kurienreform hat Franziskus die altehrwürdige und zugleich berüchtigte Glaubenskongregation (früher »Heiliges Offizium«, noch früher »Inquisition«) neu positioniert, und zwar nicht mehr an erster Stelle in der Kurie. Vielmehr hinter der neuen Behörde für die Evangelisierung, die der Papst selbst leitet. Einen Monat vor Präsentation der Kurienreform strukturierte der Papst die Glaubenskongregation mit dem Motu proprio *Fidem servare* um.[6] Das »Heilige Offizium«, das nach dem Konzil unter dem Namen »Glaubenskongregation« segelte, heißt neu »Dikasterium für die Glaubenslehre«. Sie ist jetzt etwas schlanker und besteht nur noch aus zwei Sektionen, eine für die Glaubenslehre, eine für die Disziplinarordnung.

Großes Aufsehen erregte aber erst die im Juli 2023 erfolgte Ernennung des argentinischen Erzbischofs Víctor Manuel Fernández zum neuen Präfekten der Glaubens-Behörde. Sie dürfte eine der einschneidendsten Änderungen an der Kurie sein. Fernández, der wichtigste Ideengeber von Franziskus und Ghostwriter von *Evangelii gaudium*, *Laudato si'* und *Fratelli tutti*, steht nun an der Spitze dieser Schaltstelle. »Ihre zentrale Aufgabe ist es, über die Lehre, die aus dem Glauben hervorgeht, zu wachen«, um »Gründe für unsere Hoffnung zu geben, aber nicht als Feind, der kritisiert und verurteilt«, schrieb Franziskus in einem sonst ganz und gar unüblichen öffentlichen Begleitbrief zur Ernennung von Fernández.[7]

»Das Dikasterium, das Sie leiten werden, hat sich in anderen Zeiten unmoralischer Methoden bedient. Das waren Zeiten, in denen man, anstatt theologische Erkenntnisse zu fördern, mögliche Lehrfehler verfolgte. Was ich von Ihnen erwarte, ist sicherlich etwas ganz anderes«, wünscht sich der Papst im Brief und umschreibt das so: »Unterschiedliche Denkströmungen in der Philosophie, der Theologie und der pastoralen Praxis können, wenn sie offen dafür sind, vom Geist in Respekt und Liebe versöhnt zu werden, die Kirche wachsen lassen. Dieses harmonische Wachstum wird die christliche Lehre wirksamer bewahren als jeder Kontrollmechanismus.«[8] Ob mit dem »Kontrollmechanismus« und den »unmoralischen Methoden« über jene der Inquisition hinaus auch die berüchtigten Disziplinarmaßnahmen des früheren Präfekten Joseph Ratzinger gemeint sind, bleibe dahingestellt. Jedenfalls aber ist die Ernennung von Fernández (kurz nach dem Tod des deutschen Papstes) und das ihm anvertraute Mandat ein klarer Bruch zu der von Glaubenswächter Joseph Ratzinger geleiteten Kontroll- und Disziplinierungsinstanz. Hauptsache, so schreibt Franziskus, dass sich die Theologen nicht »mit einer Schreibtisch-Theologie begnügen«, mit einer »kalten und harten Logik, die alles zu beherrschen sucht.«[9] Es trifft sicher zu, was Vatikanisten einhellig kommentierten: Franziskus habe mit der Ernennung von Fernàndez sein Haus bestellt und wolle dem Papsttum über sein Pontifikat hinaus seine Handschrift aufdrücken.

Wenig verwunderlich, dass die Traditionalisten die Berufung des Argentiniers in den düstersten Farben kommentierten. Das von ihm verfasste Dokument zu den Homo-Segnungen und seine wieder aufgetauchten Bücher früherer Jahre, in denen er über das Küssen und weibliche oder männliche Orgasmen sinnierte, brachten sie vollends in Rage.[10]

Aber auch in die Freude der Reformer mischten sich Zweifel. Fernández hatte nämlich das neue Amt nur angenommen, weil ihm Papst Franziskus versicherte, dass er sich nicht schwerpunktmäßig mit dem Thema Missbrauch befassen müsse: »In Anbetracht der Tatsache, dass für Disziplinierungsangelegenheiten – insbesondere im Zusammenhang mit dem Missbrauch von Minderjährigen – vor kurzem eine spezielle Abteilung mit sehr kompetenten Fachleuten geschaffen wurde, bitte ich Sie als Präfekt, Ihr persönliches Engagement direkter dem Hauptziel des Dikasteriums zu widmen, das darin besteht, ›den Glauben zu bewahren‹«, schrieb der Papst.[11] Die neue Abteilung ist beim Dikasterium für die Glaubenslehre angesiedelt und gehört zur Sektion für die Disziplinarordnung. Geleitet wird diese von einem unbekannten irischen Priester ohne Bischofsrang, John Joseph Kennedy. An der Kurie von Franziskus ist Missbrauch also nicht mehr Chefsache. Fernández hatte übrigens gute Gründe, die Aufarbeitung des Missbrauchs anderen zu überlassen: Ihm wird vorgeworfen, als Erzbischof von La Plata massive Fehler mit einem des Missbrauchs beschuldigten Priester begangen zu haben, der sich dann umbrachte. Opferverbände forderten deshalb seinen Rücktritt.

Anmerkungen

1 Papst Franziskus, Apostolische Konstitution über die römische Kurie und ihren Dienst für die Kirche in der Welt *Praedicate Evangelium*, 19.03.2022, I, Nr. 10. Online: https://www.vatican.va/content/francesco/de/apost_constitutions/documents/20220319-costituzione-ap-praedicate-evangelium.html (Stand: 08.01.2024).

2 Ebd., II Nr. 2.

3 Ein Jahr Kurienreform: »Ein längerer Lernprozess« , Johannes Schidelko im Interview mit Gudrun Sailer, Vatican News, 17.03.2023. Online: https://www.vaticannews.va/de/vatikan/news/2023-03/kurienreform-schidelko-laengerer-lernprozess-interview-buch.html (Stand: 08.01.2024).

4 Praedicate Evangelium, Art. 105.

5 Vatikan erteilt Laienbeteiligung an Bischofswahl in Paderborn eine Absage, CNA deutsch, 13.04.2023. Online: https://de.catholicnewsagency.com/news/12965/vatikan-erteilt-laienbeteiligung-an-bischofswahl-in-paderborn-eine-absage (Stand: 08.01.2024).

6 Papst Franziskus, Motu proprio *Fidem servare*, 14.02.2022. Online: https://www.vatican.va/content/francesco/en/motu_proprio/documents/20220211-motu-proprio-fidem-servare.html (Stand: 08.01.2024).

7 Im vollen Wortlaut: Der Brief von Papst Franziskus an Erzbischof Fernandez, CNA deutsch, 02.07.2023. Online: https://de.catholicnewsagency.com/news/13520/im-vollen-wortlaut-der-brief-von-papst-franziskus-an-erzbischof-fernandez (Stand: 08.01.2024).

8   Ebd.

9   Ebd.

10 Vgl. etwa Kritik an Glaubenspräfekt Fernandez wegen Buch zu Orgasmen, katholisch.de, 09.01.2024. Online: https://www.katholisch.de/artikel/50173-kritik-an-glaubenspraefekt-fernandez-wegen-buch-zu-orgasmen (Stand: 20.01.2024)

11 Im vollen Wortlaut: Der Brief von Papst Franziskus an Erzbischof Fernandez, CNA deutsch, 02.07.2023. Online: https://de.catholicnewsagency.com/news/13520/im-vollen-wortlaut-der-brief-von-papst-franziskus-an-erzbischof-fernandez (Stand: 08.01.2024).

Kapitel 7:
Das nebulöse Zauberwort aus der Verlegenheit – Synodalität

Ist es Torschlusspanik? In der Spätphase seines Pontifikats merkt Franziskus, dass er mit den von ihm geschürten Reformerwartungen auf breiter Ebene enttäuscht hat. So ruft der 84-Jährige am 10. Oktober 2021 die gesamte Weltkirche zu einem Synodalen Prozess auf, der bis Herbst 2024 dauern soll. Alle ungefähr 3000 Bistümer der Welt will Franziskus auf diesen Weg der Erneuerung mitnehmen. »Genau dieser Weg der Synodalität ist das, was Gott sich von der Kirche des dritten Jahrtausends erwartet«, verkündet er.[1] Der Prozess ist dreistufig und beginnt auf diözesaner Ebene, gefolgt von Kontinentalsynoden ab Frühjahr 2023. Die münden dann in die 16. Ordentliche Generalversammlung der Bischofssynode unter dem Titel »Für eine synodale Kirche: Gemeinschaft, Teilhabe und Sendung.« Diese wiederum findet in zwei Teilen statt, im Herbst 2023 und im Herbst 2024. Im Oktober 2023 diskutieren 350 Bischöfe und zusätzlich Laien und Geistliche, darunter sogar 54 Frauen in der ersten Vollversammlung über die Ergebnisse des weltweiten Konsultations- und Beratungsprozesses. Die für Oktober 2024 geplante zweite Versammlung der Bischofsynode soll dann konkrete Vorschläge zuhanden des Papstes formulieren. Er allein entscheidet, ob und welche Vorschläge er in sein nachsynodales Schreiben aufnimmt. Insgesamt geht es weniger um Inhalte, sondern um eine neue Gesprächs- und Dialogkultur. Mit Nachdruck betont Franziskus, die Synode sei kein Parlament mit einer Reformagenda, sondern eine Versammlung im Heiligen Geist. Analoge Gesprächsprozesse auf nationaler Ebene sind allesamt versandet. Darum warnen prominente Theologen und Kirchenfrauen, dass auch der Synodale Prozess im Fiasko enden wird.

Am Ende seines Pontifikats konzentrierte sich der 84-Jährige auf sein Zauberwort, das der Kirche auch ohne Reform von Struktur und Lehre eine Art Reset erlauben soll: die Synodalität. 2021 schickte Franziskus die ganze Weltkirche auf einen dreijährigen Synodalen Prozess, der in eine geschwisterliche, dialogfähige Kirche münden soll. Er wünscht sich eine Kirche, in der Menschen miteinander sprechen und aufeinander hören. Mit Synodalität meint er ein »neues Miteinander von Laien, Hirten und dem Bischof von Rom«.[2] In der diözesanen und kontinentalen Phase des Prozesses war die Veränderung der Beratungs- und Beschlussfassung in der römischen Kirche ein Hauptthema. Bei der ersten Versammlung im Oktober 2023 waren dann auch Laien, also das Volk Gottes, an den Beratungen beteiligt.

Demokratie oder Mehrheitsentscheide wie in einem Parlament schloss Franziskus indes von Anfang an aus.

Was aber heißt eigentlich »Synodalität«? Das in der Kirche mittlerweile geläufige Wort ist gelinde gesagt semantisch offen, nicht eindeutig, verschieden interpretierbar. Die Unschärfe muss gerade diesem Papst mit Hang zur Mehrdeutigkeit gefallen. Kritisch gesehen ist es eine Worthülse, vergleichbar vielleicht mit dem Schlagwort »Achtsamkeit«, das aus dem spirituellen Bereich stammt, mittlerweile aber auch in Leitbildern von Betrieben die Angestellten in Pflicht nehmen will, ohne dass sich in den Unternehmen strukturell etwas ändern müsste.

So war auch das am 20. Juni 2023 veröffentlichte 71-seitige Arbeitspapier als Grundlage für die erste Vollversammlung vom 4. bis 29. Oktober sehr wolkig formuliert: Das sogenannte *Instrumentum laboris* spricht etwa von den Herausforderungen für die gesamte Kirche, von Schritten vorwärts, um in ihrer Synodalität zu wachsen, von Wegen, auf denen man gemeinsam weitergehen könne.[3] Nur in den Arbeitsblättern enthält das Dokument die sattsam bekannten »heißen Eisen« wie die Frage des Pflichtzölibats, der Stellung der

Frau, der Integration sexueller Minderheiten und des Missbrauchs. Die Bischofssynode ist seit 1965 ein zentrales beratendes Gremium des Papstes. Am Ende der Versammlungen stimmen die Mitglieder jeweils über bestimmte Vorschläge ab, die dann dem Papst zur Bewertung vorgelegt werden.

Den Parlamentarismus im Heiligen Geist überwinden

Was viele Reformwillige gerne überhören: Schon im Vorfeld der Synode zur Synodalität betonten der Generalsekretär, der maltesische Kardinal Mario Grech, und der Generalberichterstatter der Synode, der Luxemburger Kardinal Jean-Claude Hollerich, dass es bei der Synode nicht um inhaltliche Themen und schon gar nicht um innerkirchliche Reform-Agenden gehen solle. Demokratie und Mehrheitsentscheide wie in einem Parlament schloss Hollerich in einem Interview mit der Jesuitenzeitschrift *America* aus. Das katholische Verständnis der Synodalität müsse die Kollegialität der Bischöfe einschließen; ebenso den Primat des Petrus. Und sie basiere auf einem Prozess der Unterscheidung. Es werde also ganz anders sein »als in der deutschen lutherischen Kirche, wo manche Leute ihre Synode sogar als ›Kirchenparlament‹ bezeichnen. Und genau das ist sie nicht«.[4] Hollerich und Grech werden auch nicht müde, die zentrale Stellung der Bischöfe bei der Synode zu betonen. Laut *katholisch.de* betonen sie in einem gemeinsamen Brief an die Gläubigen und Bischöfe: »Durch göttliche Anordnung und Einsetzung besitzen die Bischöfe und insbesondere der Papst die Kompetenz der Letztentscheidung.«[5] Und gaben darin auch ihrer Sorge Ausdruck, dass einzelne der Synode ein bestimmtes Thema aufzwingen und sie für Reformanliegen instrumentalisieren wollten.

Das ist auch des Papstes Hauptsorge. So betonte er in der Eröffnungspredigt vom 4. Oktober mit besonderem Nachdruck, dass die Synode kein Parlament sei: »Wir sind nicht hier, um eine parlamentarische Sitzung oder einen Reformplan voranzubringen.«[6] Die Synode sei »keine politische Versammlung«, »kein polarisiertes Parlament«, sondern eine »Zusammenkunft im Heiligen Geist«, dekretierte er in autoritärer Weise.[7] Überwunden wird der Parlamentarismus laut Franziskus durch den Einheit und Wahrheit stiftenden Heiligen Geist, den er zur »Hauptperson der Synode« erklärte. Solche Äußerungen in Zeiten des zunehmenden Autoritarismus und Demokratieabbaus sind kaum die Botschaft, an der Kirche und Welt genesen können. Auch von Synodalen kam Kritik, dass Franziskus sie auf die Geheimhaltung verpflichtete und sie unter Ausschluss der Medien tagen ließ. Von daher waren die Kommentare so vieler Medien, sekundiert von deutschsprachigen Bischöfen, Wunschdenken, dass die Synode die Kirche in die Zukunft führen und die Fragen des Pflichtzölibats, der Frauenordination und homosexueller Beziehungen lösen wolle.

Laien dürfen mitreden, aber nicht mitentscheiden

Die Kirchenoberen halten es also immer wieder für nötig, Erwartungen zurückzuweisen, Synodalität bedeute demokratische Mitsprache und der Synodale Prozess öffne nun endlich die Tür für mehr Demokratie in der Kirche, Laien und Frauen würden nun aufgewertet. Das ist klar nicht der Fall. Papst und Vatikan haben intern ein genau festgelegtes Verständnis von Synodalität, wie Benedikt Heider gegenüber *katholisch.de*, erhellend darlegt.[8] Der Papst beauftragte nämlich bereits 2018 die Internationale Theologenkommission, die Bedeutung des Begriffs zu umreißen. Danach bedeutet Synodalität die notwendige »Aufwertung der spezifischen und qualifizierten Einbringung der Laien – unter ihnen besonders der Frauen – in den jeweiligen Kompetenzgebieten«. Wie das Kirchenrecht indessen festhält, ist die Beteiligung von Laien eine Option, aber keine Pflicht; darüber entscheidet der geweihte Hirte. Das Konzept wird als Prinzip des *suo modo* bezeichnet und meint die spezifische, vom Geschlecht und Stand abhängige Art und Weise des Handelns in der Kirche. Laut Heider macht dieses Konzept den Kern des amtlichen Synodenverständnisses aus: Die Weihe zieht die Grenze zwischen jenen, die beraten, von denen, die entscheiden, die Grenze zwischen *decision-making* – und *decision-taking*.

Gemäß Kirchenlehre sind Kleriker kraft göttlicher Einsetzung bevollmächtigt zu lehren, zu ordnen und zu entscheiden. Die Entscheidungen können gemeinsam mit Laien gefunden werden, beschlossen werden sie jedoch ausschließlich von dem Geweihten, wie das Vademecum und das Vorbereitungsdokument der Weltsynode betonen. So wurden vor der Synode die Laien weltweit befragt, es war dann aber Aufgabe der Bischöfe, die Wortmeldungen der Laien zu filtern und einzuordnen. Heider: »Es läuft also auch hier nach dem suo-modo-Prinzip.« »Die Ungleichheit gilt derweil nicht nur für Gottesvolk und Hirten – sondern auch für die Hirten untereinander: Auch hier gibt es Kompetenzgefälle. So kann der Papst die Bischöfe bei der Entscheidungsfindung befragen; die Entscheidungen zu treffen liegt am Ende jedoch nur bei ihm. Daher handeln auch Bischöfe immer *cum* (mit) und – wie Franziskus nicht müde wird einzuschärfen – *sub Petro* (unter Petrus, also dem Papst)«.[9]

Es ist der Bonner Kirchenrechtler Norbert Lüdecke, der den Anschein kritisiert, Synodalität habe auch nur im Entferntesten etwas mit demokratischer Mitbestimmung zu tun. In seinem Buch *Die Täuschung* spricht er vielmehr von »symbolischer Partizipation« und »Demokratieersatz«.[10] Was für Rom Mitsprache der Laien und Frauen heißt, zeigte dann realiter die Synodenversammlung vom 4. bis 29. Oktober 2023. Bislang bestand die Synode ausschließlich aus Männern, aus Bischöfen und einigen hochrangigen Ordensgeistlichen. Diesmal aber waren erstmals in der katholischen Kirchengeschichte Frauen mit Stimmrecht mit dabei. Von den anwesenden 350 Geistlichen und zusätzlichen Laien aus aller Welt waren 290 Bischöfe und etwa 54 Frauen, also ein Siebtel. Manche sprachen bereits vollmundig von einem Systemwechsel. Gewiss ist das eine Neuerung, aber wiederum nur kosmetischer Art, weil kein qualitativer Sprung hin zur Gleichberechtigung von Frauen.

Zu den stimmberechtigten Frauen gehörten etwa die Untersekretärin des Synodensekretariats, die französische Ordensfrau Nathalie Becquart, oder auch Helena Jeppesen-Spuhler vom Schweizer Hilfswerk *Fastenaktion*. Doch schon im Vorfeld sorgte die päpstliche Namensliste für Unmut, namentlich unter den deutschen Reformkatholiken. Wie die Ordensfrau Katharina Ganz im Interview mit *katholisch.de* beklagte, empfänden die zehn Mitglieder des Frauenforums des Synodalen Weges die Auswahl als Affront: Es seien keine Laien mit Stimmrecht aus Deutschland berufen worden.[11] Keine einzige Katholikin aus Deutschland sei stimmberechtigt, auch nicht Irme Stetter-Karp, Präsidentin des *Zentralkomitees der deutschen Katholiken*. Der Vizepräsident der Organisation, Theologieprofessor Thomas Söding, wurde bloß als Berater ohne Stimmrecht ernannt. Die Exponentinnen des deutschen Synodalen Weges fühlten sich abgestraft.

Katharina Ganz forderte von der Synode vor allem eine Geschlechtergerechtigkeit, die den Namen verdient und die vor dem Hintergrund des Missbrauchsskandals umso dringlicher angemahnt werden müsse: »Die Weltsynode sollte vor allem lernen, dass der Missbrauchsskandal die Glaubwürdigkeit unserer Kirche bis ins Mark erschüttert hat und Evangelisierung nicht gelingen wird, wenn wir nicht auch systemische und strukturelle Veränderungen vornehmen und aufhören, das eine gegen das andere auszuspielen.«[12] Man müsse Partizipationsstrukturen schaffen, Macht und Gewaltenteilung in den Blick nehmen und letztlich auch die Zulassungsbedingungen zu den Weiheämtern überdenken. »Ohne Geschlechtergerechtigkeit wird die Zukunft unserer Kirche nicht gelingen. Die Nichtberufung von Frau Stetter-Karp zeigt, wie wenig Sensibilität dafür vorhanden ist. Sie ist aus meiner Sicht eine Klatsche gegenüber dem Anliegen des Synodalen Weges«.

Der deutsche Synodale Weg ist aufgelaufen

Auf den deutschen Synodalen Weg ist hier eigens einzugehen, weil er dem weltweiten Prozess vorausgegangen ist, ihn quasi vorgespurt hat und erahnen lässt, in welch engen Grenzen sich der Prozess auch weltweit bewegt: Reformen jedenfalls sind nicht intendiert. Der deutsche Synodale Weg wollte gerade auf drängende Fragen Antworten geben, um die Kirche gesellschaftlich anschlussfähig zu machen. Doch Rom hat Angst, dass die deutsche Kirche, heute klar die Avantgarde, einen Sonderweg gehen und den weltweiten Prozess majorisieren wolle und letztlich eine Spaltung provozieren werde. Der Vatikan hat das deutsche Reformprojekt von Anfang an mit Argwohn beäugt – aus dem Unbehagen heraus, er werde Themen verhandeln, die nur universalkirchlich von der Weltkirche definiert werden können: nämlich Macht und Ämter in der Kirche, Frauenpriestertum, Fragen der Sexualität und der Partnerschaft. So hat Rom die deutsche Kirche mehrfach gewarnt und zurückgepfiffen. Im Prinzip hat ihr Synodaler Weg Rom dazu provoziert, die alten Eindeutigkeiten zu bestätigen: keine Weihe von Frauen, keine verheirateten Priester, keine Segnung homosexueller Paare und kein ökumenisches Abendmahl, auch kein Spielraum für die Laienpredigt. Franziskus hat in exemplarischer Weise ein Exempel statuiert und dem Reformprozess einer Ortskirche einen Riegel geschoben.

Man muss sich vor Augen halten: Der Synodale Weg war aus der Missbrauchsdebatte heraus entstanden. Er wollte Fragen aufarbeiten, die sich im Herbst 2018 nach der Veröffentlichung der *MHG-Studie* über sexuellen Missbrauch in der Kirche ergeben hatten. Er hätte Anstoß sein wollen, die Missbrauchsskandale in der katholischen Kirche aufzuarbeiten, die systemischen Ursachen zu benennen und strukturelle Reformen zu initiieren. Die Deutsche Bischofskonferenz und das Zentralkomitee der deutschen Katholiken übernahmen gemeinsam die Verantwortung für den Gesprächsprozess, der am 1. Dezember 2019 eröffnet und nach fünf Synodalversammlungen vorerst im März 2023 beendet wurde.

Franziskus hatte schon präventiv im Juni 2019 einen offenen Brief *An das pilgernde Volk Gottes in Deutschland* geschickt und sich dabei von Kardinal Walter Kasper beraten lassen. Der Kernsatz des Schreibens spiegelt die Grundlinie seines Pontifikats überdeutlich. Er betont die Notwendigkeit, »den Primat der Evangelisierung zurückzugewinnen«, anstatt ständig Fragen zum »strukturellen, funktionalen Wandel« zu verhandeln, die nichts oder so gut wie gar nichts mit dem Missionsauftrag der Kirche zu tun hätten.[13] Franziskus gab den deutschen Katholiken vielmehr den Auftrag, auf die »zunehmende Erosion und den Verfall des Glaubens« in der Kirche in Deutschland zu reagieren und geeignete Schritte der Glaubenserneuerung und -vertiefung, der Bekehrung und Umkehr zu Christus einzuleiten.[14] Er ermahnte die deutschen Bischöfe zum »Primat der Evangelisierung«.

Dreieinhalb Jahre später kam abermals eine Depesche aus Rom: Die katholische Kirche in Deutschland sei nicht befugt, »ein gemeinsames Leitungsorgan von Laien und Klerikern einzurichten und die Bischöfe und die Gläubigen zur Annahme neuer Formen der Leitung und neuer Ausrichtungen der Lehre und der Moral zu verpflichten«, hieß es darin.[15]

Die Deutschen wollten nämlich einen Synodalen Rat aus Laien und Bischöfen mit Entscheidungsbefugnissen ins Leben rufen. Die große Sorge Roms zeigte sich auch darin, dass der Brief gleich von drei führenden Kurienvertretern unterzeichnet war: vom Präfekten des Dikasteriums für die Glaubenslehre Kardinal Luis Ladaria, dem Präfekten des Dikasteriums für die Bischöfe Kardinal Marc Ouellet und sogar von Kardinalstaatssekretär Pietro Parolin. Papst Franziskus hatte das Schreiben ausdrücklich genehmigt. Er erklärte dann in einem Interview mit *Associated Press*, dass er den Synodalen Weg trotz guten Willens der Bischöfe als zu elitär und damit nicht dem eigentlichen Charakter einer echten Synode entsprechend ansehe und zudem seine Ideologisierung befürchte, etwa was den Umgang mit Homosexualität oder die Rolle der Frau in der Kirche angehe.[16]

Schon beim Ad-Limina-Besuch der deutschen Bischöfe vom November 2022 in Rom mussten sie eine Abfuhr hinnehmen. Anders als geplant erschien Franziskus bei den Gesprächen nur ein- statt zweimal. Und die Reden der Kurienkardinäle Ouellet und Ladaria waren vom Unbehagen Roms gegenüber dem Synodalen Weg diktiert. Glaubenspräfekt Ladaria stellte klar, dass die Kirche »nicht von vornherein als eine strukturellen Missbrauch hervorbringende Organisation« betrachtet werden dürfe. Der Synodale Weg dürfe auch nicht den Eindruck vermitteln, an der kirchlichen Sexualmoral gebe es »fast nichts zu retten« und schlechthin »alles müsse geändert werden«.[17] Bedenken äußerte der Kardinal auch gegenüber dem Postulat, die Debatte über die Priesterweihe der Frauen offen zu halten, wobei er auf den abschlägigen Bescheid Johannes Pauls II. verwies.

Noch gravierender war der von Kardinal Ouellet geäußerte Verdacht, dass das Missbrauchs-Thema instrumentalisiert werde, um

Ideen nach vorne zu bringen, die damit nicht unmittelbar zusammenhingen. Der Synodale Weg sei zwar kreativ und mutig, zugleich warnte er vor »einem drohenden latenten Schisma«. Er wisse zwar, dass den Verantwortlichen des Synodalen Wegs nicht an einem »Bruch mit der universalen Gemeinschaft der Kirche« gelegen sei, dass es ihnen vielmehr um eine größere Glaubwürdigkeit der Diener des Evangeliums gehe. Dennoch lasse es aufhorchen, »dass die Agenda einer begrenzten Gruppe von Theologen von vor einigen Jahrzehnten plötzlich zum Mehrheitsvorschlag des deutschen Episkopats geworden ist (…).« Die Vorschläge des Synodalen Wegs zur katholischen Disziplin und Moral gingen ihm zu weit – als ob sie eine »grundlegende Änderung« intendierten. Das verletze die kirchliche Gemeinschaft, weil es Zweifel und Verwirrung stifte. Es sei kein Wunder, dass auch viele Bischöfe aus aller Welt mit Staunen und Sorge auf das deutsche Reformprojekt reagierten, schließlich repräsentiere jeder Bischof »die Weltkirche in der ihm anvertrauten Teilkirche« und garantiere »die Gemeinschaft seiner Teilkirche mit der Weltkirche«.[18]

Dem päpstlichen Verbot zum Trotz konstituierte sich am 10. November 2023 in Essen der Synodale Ausschuss. Er soll den Synodalen Rat vorbereiten, in dem künftig Bischöfe und Laien gemeinsam den Weg zu kirchlichen Reformen in den Bereichen Macht, Rolle der Frau, Sexualmoral und priesterliche Lebensform ebnen sollen. Franziskus warnte umgehend, dass sich große Teile der deutschen Ortskirche immer weiter von der Weltkirche entfernten. Kardinalstaatssekretär Piero Parolin doppelte nach, dass insbesondere die deutschen Reformvorschläge zum Verbot der Frauenordination und zur Sündhaftigkeit homosexueller Handlungen gegen die unumstößliche Lehre der Kirche verstießen.

Im Vatikan war man vom deutschen Synodalen Weg derart irritiert, dass der Päpstliche Ökumeneminister Kurt Koch meinte, ihn mit der Nazi-Keule abqualifizieren zu müssen. In der *Tagespost* vom September 2022 sagte Koch mit Blick auf den Synodalen Weg, es irritiere ihn, wenn nun neben den anerkannten Quellen des katholischen Glaubens auch neue Erkenntnisse hinzugezogen werden sollten, um die Lehre anzupassen. »Denn diese Erscheinung hat es bereits während der nationalsozialistischen Diktatur gegeben, als die sogenannten ›Deutschen Christen‹ Gottes neue Offenbarung in Blut und Boden und im Aufstieg Hitlers gesehen haben.«[19] Die »Deutschen Christen« waren die Bewegung in der protestantischen Kirche, die das Christentum an die rassistische Ideologie der Nazis anzupassen versuchte.

Der Vorsitzende der Deutschen Bischofskonferenz Georg Bätzing reagierte umgehend mit einer Stellungnahme. Er bezeichnete Kochs Vergleich in der Abschluss-Pressekonferenz nach der Vollversammlung der Bischofskonferenz schließlich als »völlig inakzeptable Entgleisung« und forderte eine sofortige öffentliche Entschuldigung. Andernfalls werde er offiziell Beschwerde beim Papst einreichen. Die Vollversammlung der Bischöfe habe mit Entsetzen auf Kochs Äußerung reagiert, mit der dieser sich »in der theologischen Debatte disqualifiziert« habe.[20] Und sich von der deutschen Kirche vollends distanzierte, müsste man ergänzen. Koch beschwichtigte, er habe in keiner Weise den Synodalen Weg mit der Mentalität der »Deutschen Christen« vergleichen wollen.

Alle nationalen Gesprächsprozesse liefen ins Leere

All diese Vorbehalte und Interventionen Roms gegen den deutschen Synodalen Weg zeigen klar die Grenzen auch des weltweiten Prozesses: Keine Reformen, bestenfalls eine neue Gesprächskultur und ein neuer missionarischer Elan. Wer vom Prozess Reformen erwartet, ist selber schuld.

Es ist ja nicht so, dass der Synodale Weg grundsätzlich neu und analogielos wäre: Solche Gesprächsprozesse wurden schon mehrfach durchgespielt, auf nationaler Ebene zumindest. Vor bald 60 Jahren, nach dem Zweiten Vatikanischen Konzil (1962–1965), fand in Deutschland die Würzburger Synode statt, von 1971 bis 1975. Theologe Norbert Lüdecke macht auf Parallelen zum Synodalen Weg aufmerksam. Schon bei der im Würzburger Dom stattfindenden Synode sei jeder Anschein vermieden worden, dass es um parlamentarische Debatten gehe. Vielmehr sei diese »Eindeutschung des Konzils« ein geistliches Ereignis gewesen. Allein schon die Liturgie habe die Laien auf die Plätze verwiesen: »Die regelmäßige und bewusste Mitfeier der Eucharistie kann Gläubigen bis heute immer wieder helfen, den weltlichen Demokraten in sich gutkatholisch durch den kirchlichen Monarchisten existenziell zu überformen.«[21] Debatten also »unter fundamental Ungleichen«. Fragen rund um *Viri probati* und um die Sexualmoral hätten die Bischöfe ausgeklammert. Es habe sich um ein »Scheingefecht auf einer mit teurem Aufwand bereitgestellten Spielwiese« gehandelt.[22] Die im November 1975 endende Synode habe als institutionelle Aktion von oben wenig Resonanz gezeigt und sei auch für den Apostolischen Stuhl Episode geblieben. Deren Beschlüsse seien später sogar durch den neuen Codex des kanonischen Rechts aufgehoben worden. »Die große Wende des langfristigen Reformprozesses nach Würzburg blieb aus«, schreibt Lüdecke, der auch auf den ebenso erfolglos durchgespielten Gesprächsprozess der deutschen Bischofskonferenz (2011 bis 2015) hinweist.[23] Mit dem Synodalen Weg werde zum wiederholten Male von den Bischöfen »ein sogenannter Dialog oder Gesprächsprozess aufgelegt, dessen gar nicht alter Vorgänger noch als ergebnislos und enttäuschend in schlechter Erinnerung ist.«[24]

Gleiches trug sich in der Schweiz zu. Auch die Synode 72, dem bislang bedeutendsten Versuch, die Kirche der Schweiz zu erneuern, war eine Initiative der Bischöfe. Drei Jahre lang, von 1972 bis 1975, befasste sie sich mit den drängenden Reformanliegen und versuchte, die neuen Impulse des Zweiten Vatikanischen Konzils in die Schweizer Bistümer umzusetzen, etwa die Reform der Liturgie oder die Mitarbeit von nicht geweihten Theologen und Theologinnen. Die meisten Postulate landeten in der Schublade, weil Rom gar nicht auf sie einging: Postulate zur Demokratisierung der Kirche, zur Priesterweihe von verheirateten Männern und auch von Frauen.

Warum einen neuen Synodalen Prozess lancieren, wo doch die Schweizer Kirche auf die Ereignisse der Synode 72 zurückgreifen könnte? Gemäß Felix Senn, engagierter Theologe der Basis und ehemaliger Leiter der Theologiekurse für Laien, wäre das 50-Jahr-Jubiläum eine Chance gewesen, daran anzuknüpfen, wie er im *Tages-Anzeiger* sagte.[25]

Aber die Schweizer Bischöfe zeigten keinerlei Interesse, an dieses bis heute einzigartige synodal-demokratische Ereignis in der Schweizer Kirche zu erinnern. Als der Vorstand des Vereins *Tagsatzung.ch* die Tagung »50 Jahre Synode 72« organisierte, sei das für die Bischöfe eine zu »gefährliche Erinnerung« gewesen, sagt Senn, die es vorzogen, das Jubiläum verstreichen zu lassen. Auch so manche andere Basisbewegungen sind am mangelnden Reformwillen der Bischöfe aufgelaufen: in der Schweiz etwa die Allianz »*Es reicht!*« oder die *Pfarrer-Initiative*. Wie Senn im Gespräch betont, erübrigt sich der Synodale Prozess auch deshalb, weil Rom, provoziert vom Synodalen Weg der deutschen Kirche, in den letzten drei Jahren unter Papst Franziskus alle Reformanliegen bereits abschlägig beantwortet habe: keine Frauenweihe, keine verheirateten Priester, keine liturgische Segnung homosexueller Paare und kein ökumenisches Abendmahl.

»Welchen Sinn macht dann der Synodale Prozess«, fragt Senn, »wenn die wichtigen Fragen in Rom bereits entschieden sind?«[26] Er hält den Synodalen Prozess für eine » große Alibiübung« und glaubt, dass er wie alle bisherigen Initiativen versanden wird. Stets brachten die Reformprozesse die gleichen Fragen rund ums Zölibat, die Frauenweihe und die Sexualmoral aufs Tapet. Nichts geschah. Der Reformstau perpetuiert sich *ad infinitum.*

Prominente Theologen und Intellektuelle warnen

Möglicherweise ist der alte Papst selbst erschrocken, als er gewahr wurde, wie viel er am Beginn des Pontifikats versprochen und wie wenig er umgesetzt hat. Franziskus gibt sich einer Illusion hin, wenn er meint, nochmals durchstarten und den Zauber des Anfangs beschwören zu können. Gewiss, auch Reformkatholiken halten sich an jedem Strohhalm fest und feierten es schon als Revolution, dass erstmals in der Geschichte der römisch-katholischen Kirche auch Frauen und Laien als reguläre Mitglieder zu einer Synode eingeladen wurden. Doch das Resultat der Übung ist absehbar: Wenn Franziskus im Herbst 2024 die Bischofssynode zur Synodalität abschließt, wird er bestenfalls einen Wust von Papieren mit schönen Worthülsen und wortreichen Appellen zur neuen Gesprächskultur und Missionierung präsentieren und auf die ewiggleichen, noch vertieft zu diskutierenden Postulate hinweisen: mehr Demokratie, mehr Rechte für Frauen, eine zeitgemäße Sexualmoral. Nur: Schon die vorliegenden Papiere zur Synode sind alles andere als inspirierend, vielmehr wolkig und nebulös, zugleich holzig und sperrig, Beschwörungen ohne konkrete Aussagen. Das 40-seitige Schlussdokument der ersten Weltsynode vom letzten Oktober blieb denn auch äußerst vage, gerade bei den heißen Eisen. Die Reizworte »Frauenordination« und »LGBTQ« werden tunlichst vermieden und lediglich, einmal mehr, die stärkere Einbindung von Frauen in Entscheidungsprozesse und verantwortungsvolle Aufgaben gefordert. Zum Diakonat der Frau heißt es lapidar, es gebe dazu unterschiedliche Standpunkte. Ebenso nichtssagend der Passus zur Homosexualität, wo festgehalten wird, dass Fragen zu Geschlechtsidentität und sexueller Orientierung umstritten seien. Einzig beim Thema »bischöflicher Umgang mit Missbrauch« zeigt das Papier etwas mehr Farbe und schlägt vor, im Sinne der Gewaltenteilung die richterliche Kompetenz der Bischöfe einem anderen Gremium zu übergeben. Allerdings lobten viele die Sitzordnung in der Synodenaula: Die Bischöfe waren anders als bisher nicht wie in einem Hörsaal platziert, sondern an runden Tischen, wo sie sich nicht scheuten, selbst mit Frauen zu debattieren. Den Zeitgenossen berührte freilich peinlich, dass selbst Reformgruppen diese Neuerung dem Papst als weiteren revolutionären Schritt anrechneten. Jedenfalls ist nicht erkennbar, wie sie frischen Wind bringen und die Gläubigen begeistern sollen. Nicht von ungefähr ist der Prozess in der Schweiz beispielsweise außerhalb kirchlicher Medien kaum ein Thema.

Es gibt denn auch zahlreiche prominente Theologen und Experten, die ein Desaster prophezeien. Man kann nur empfehlen, auf diese nüchternen Stimmen zu hören. »Irgendwann ist dieses Spiel von Ankündigung, Hoffnung, Enttäuschung und neuer Ankündigung aber ausgespielt«, sagte etwa der Münsteraner Dogmatik-Professor Michael Seewald in einer düsteren Kirchenanalyse des *Spiegel* – noch unmittelbar vor der neuen Ankündigung des Papstes zum Synodalen Prozesses.[27] Dieser versuche, die Gläubigen an Zukunftsvisionen mitarbeiten zu lassen, damit sie das Gefühl bekämen, etwas bewirken zu können. Bis sie merkten, dass sie einer Illusion aufsäßen, seien dann wieder Jahre ins Land gegangen.

Selbst der sonst so vermittelnd auftretende Berliner Soziologe Hans Joas warnte in *Publik-Forum* vor einem Misserfolg des Synodalen Weges in Deutschland: »Wenn der Prozess krachend scheitert, die hoch Engagierten demotiviert werden, man in einer Polarisierung endet, die feindselige Züge annimmt, ist das schlimmer, als wenn das alles nicht stattgefunden hätte.«[28] Seine Prophetie gilt genauso für den weltweiten Prozess.

Noch mehr Gewicht hat die Prognose des bekannten früheren Amazonas-Bischofs Erwin Kräutler, der am eigenen Leib erlebt hat, wie ihn der Papst zu mutigen Reformvorschlägen ermuntert hatte, um ihnen, kaum lagen sie auf dem Tisch, eine Abfuhr zu erteilen. Kräutler zeigte sich in einem Artikel für die *Herder Korrespondenz* im Juni 2023 in Sorge, dass die von Papst Franziskus einberufene Weltbischofssynode enden könnte wie die Amazonas-Synode 2019. Das nach der Synode veröffentlichte päpstliche Schreiben *Querida Amazonia* nennt Kräutler »so etwas wie eine eiskalte Dusche im tropisch-heissen Amazonien«.[29] Es hat bekanntlich die von der Synode befürworteten *Viri probati* und Ämter für Frauen abgeschmettert. Kräutler zufolge scheint es eben leichter, »über eine ganzheitliche Ökologie zu debattieren als über Strukturveränderungen innerhalb der Kirche«. Sein Fazit: »Ich möchte nicht pessimistisch sein, aber es fällt mir schwer zu glauben, dass Papst Franziskus nun schon mit mehr als 86 Jahren den Mut aufbringt, beispielsweise den Pflichtzölibat aufzuheben.«[30] Der aus Vorarlberg stammende Erwin Kräutler war von 1981 bis 2015 Bischof von Xingu im Amazonasgebiet. Auch nach seiner Emeritierung setzt er sich für die Menschen am Rand der Gesellschaft in Brasilien ein.

Etwas ausführlicher soll der prägnanteste Kritiker des Synodalen Weges zitiert werden, der frühere Bonner Kirchenrechtler Norbert Lüdecke. Was er über den deutschen Synodalen Weg sagt, kann getrost auf den weltweiten Synodalen Prozess extrapoliert werden. Erkenntnisse in seinem Buch *Die Täuschung* spitzte er im Interview mit *katholisch.de* vom Juli 2021 nochmals zu. Der Synodale Weg ist für ihn »betreutes Diskutieren« ohne Konsequenzen: »Weil es in der katholischen Kirche als gottgewollt gilt, dass Laien in diesem Sinn nicht entscheiden können, habe ich mich gefragt: Warum verbringen Laien kostbare Lebenszeit beim Synodalen Weg? Rauskommen können ja nur Bitten an die Bischöfe oder Bitten der Bischöfe an den Papst.«[31] Wenn man sich mit dem Synodalen Weg befasse und mit der Zeitgeschichte des deutschen Katholizismus in der Nachkriegszeit, von der Würzburger Synode bis zur Vorstellung der *MHG-Studie*, habe man »ein Déjà-vu nach dem anderen«. »Die Reaktion der deutschen Bischöfe bestand jeweils darin, dass man einen nicht mehr kalkulierbaren, bedrohlichen Laien-Unmut mit Gesprächen befriedet, und dies mit immer gleichen Textbausteinen: Da geht es um ›Dialog‹, ›gemeinsame Beschlüsse‹, ›Synodalität‹ und einen ›geistlichen Prozess statt Demokratie‹. Ich sah vor meinem geistigen Auge die Wiederholungsschleife des Kinofilms ›Und täglich grüßt das Murmeltier‹. (…) Es geht von Seiten der Bischöfe darum, Kritik-Hochdruck durch Gesprächsarrangements abzuleiten, indem sich Laien irgendwie beteiligt fühlen sollen, ohne entscheiden zu können: Die Laien dürfen abstimmen, aber was ihnen als Beschlussfassung suggeriert wird, ist in Wahrheit eine unverbindliche Meinungsäußerung, ein Stimmrechts-Placebo.«[32]

Auch in seinem Buch wundert sich Lüdecke wiederholt, warum Katholiken so viel Lebensenergie an Prozesse verschwenden, von denen sie wissen, dass sie ergebnislos enden. Er zitiert etwa den Tübinger Kirchenrechtler Bernhard Anuth: »Warum machen sich Laien auf einen rechtlich komplett unverbindlichen Weg? Kann man Christinnen und Christen wirklich zumuten, weiter Lebenszeit und Energie für etwas einzusetzen, von dem mehr oder weniger klar wird, dass schon bei den kleinsten Schritten Rom dazwischen grätscht oder sich die eigenen Bischöfe einer Umsetzung der Beschlüsse verweigern?«[33]

Diese immer wieder neue Unterwerfung der Katholiken unter hierarchische Vorgaben provoziert für Lüdecke die Frage, woran es denn liege, dass katholische Gläubige immer weiter Reformen erhoffen, die seit so langer Zeit von der Hierarchie verweigert oder gar als nicht möglich, weil gegen die Identität der katholischen Kirche verstoßend, qualifiziert werden. »Warum wollen sie die Realität nicht sehen (…) Warum haben katholische Laien keinen Plan B? (…) Ist ihre Angst, sich von einer reformunfähigen Kirche distanzieren zu müssen, grösser als ihr Leiden an der real existierenden Kirche? (…) Hier bleibt es beim Dauerbejammern einer Kirche, auf die man heilsängstlich nicht verzichten kann.«[34]

Anmerkungen

1   Vgl. auch zum Weiteren Deutsche Bischofskonferenz, Bischofssynode Synodale Kirche 2021-2024, 15.10.2021. Online: https://www.dbk.de/themen/bischofs-synoden/bischofssynode-synodale-kirche-2021-2024 (Stand: 08.01.2024). Das Zitat stammt aus der Ansprache von Papst Franziskus zur 50-Jahr-Feier der Errichtung der Bischofssynode, 17.10.2015. Online: https://www.vatican.va/content/francesco/de/speeches/2015/october/documents/papa-francesco_20151017_50-anniversario-sinodo.html (Stand: 08.01.2024).

2   Michael Meier, Ein Papst in Torschlusspanik, Tages-Anzeiger, 26.05.2021. Online: https://www.tagesanzeiger.ch/ein-papst-in-torschlusspanik-382624501585 (Stand: 08.01.2024).

3   Vgl. XVI. Ordentliche Generalversammlung der Bischofssynode, Instrumentum Laboris für die erste Sitzung (Oktober 2023). Online: https://www.dbk.de/fileadmin/redaktion/diverse_downloads/presse_2023/2023-Instrumentum-laboris-TED.pdf (Stand: 08.01.2024).

4   Hollerich: Weltsynode wird nicht wie evangelische Synoden, katholisch.de, 14.07.2023. Online: https://www.katholisch.de/artikel/46047-hollerich-welt-synode-wird-nicht-wie-evangelische-synoden (Stand: 08.01.2024).

5   Benedikt Heider, Synodalität: Papst, Bischöfe und die Entscheidungskompetenz. Die Rolle der Hirten bei der Weltsynode, katholisch.de, 03.02.2023. Online: https://katholisch.de/artikel/43408-synodalitaet-papst-bischoefe-und-die-entscheidungskompetenz (Stand: 08.01.2024). Siehe auch Kardinäle Hollerich und Grech in einem Brief vom 30.01.2023. Online: https://www.vaticannews.va/de/vatikan/news/2023-01/vatikan-brief-rolle-bischof-weltsyn-ode-grech-hollerich-wortlaut.html (Stand: 08.01.2024).

6   Papst Franziskus, Predigt bei der Heiligen Messe mit den neuen Kardinälen und

dem Kardinalskollegium zur Eröffnung der Ordentlichen Generalversammlung der Bischofssynode, 04.10.2023. Online: https://www.vatican.va/content/francesco/de/homilies/2023/documents/20231004-omelia-nuovi-cardinali.html (Stand: 08.01.2024).

7   Ebd.

8   Vgl. Benedikt Heider, Synodalität: Papst, Bischöfe und die Entscheidungskompetenz. Die Rolle der Hirten bei der Weltsynode, katholisch.de, 03.02.2023. Online: https://katholisch.de/artikel/43408-synodalitaet-papst-bischoefe-und-die-entscheidungskompetenz (Stand: 08.01.2024).

9   Ebd.

10 Norbert Lüdecke, Die Täuschung, S. 171.

11 Vgl. Benedikt Heider, Ganz: Starke Stimme aus Deutschland hätte Weltsynode nicht geschadet. Katharina Ganz im Interview mit katholisch.de, 19.07.2023. Online: https://www.katholisch.de/artikel/46107-ganz-starke-stimme-aus-deutschland-haette-weltsynode-nicht-geschadet (Stand: 08.01.2024).

12 Ebd.

13 Papst Franziskus, Brief an das pilgernde Volk Gottes in Deutschland, 19.06.2019, Nr. 7. Online (Stand 19.10.2023) https://www.vatican.va/content/francesco/de/letters/2019/documents/papa-francesco_20190629_lettera-fedeli-germania.html (Stand: 08.01.2024).

14 Ebd., Nr. 2.

15 Brief des Heiligen Stuhls, 16.01.2023.Online: https://www.dbk.de/fileadmin/redaktion/diverse_downloads/presse_2023/2023-009a-Brief-Kardinalstaatsekretaer-Praefekten-der-Dikasterien-fuer-die_Glaubenslehre-und-fuer-die-Bischoefe.pdf (Stand: 08.01.2024).

16 Vgl. Franziskus im Interview mit Associated Press, 25.1. 2023. Online: https://www.vaticannews.va/de/papst/news/2023-01/papst-franziskus-synodaler-weg-deutsch-eher-elitaer.html (Stand: 08.01.2024).

17 Zusammenfassung der Reden der Kardinäle Ouellet und Ladaria finden sich in Stefan von Kempis, Synodaler Weg: Vatikan veröffentlicht Kurien-Texte, Vatican News, 24.11.2022. Online: https://www.vaticannews.va/de/vatikan/news/2022-11/ad-limina-deutsch-bischofskonferenz-kurie-synodaler-weg-vatikan.html (Stand: 08.01.2024).

18 Ebd.

19 Kardinal Koch kritisiert Synodalen Weg für »neue Quellen« der Offenbarung, CNA Deutsch, 29.9.2022. Online: https://de.catholicnewsagency.com/news/11790/kardinal-koch-kritisiert-synodalen-weg-fur-neue-quellen-der-offenbarung (Stand: 08.01.2024).

20 Bischof Bätzing, Deutsche Bischofskonferenz, 30.09.2022. Online: https://www.dbk.de/presse/aktuelles/meldung/bischof-baetzing-stellungnahme-zur-antwort-von-kardinal-kurt-koch-vom-29-september-2022 (Stand: 08.01.2024). Siehe zu den Statements aus der Abschluss-Pressekonferenz etwa den Beitrag der FAZ, Bischöfe weisen Nazi-Vergleich von Kardinal Koch zurück, 29.09.2022. Online: https://www.faz.net/aktuell/politik/inland/georg-baetzing-kritisiert-kurt-koch-nach-nazi-vergleich-18352399.html (Stand: 08.01.2024).

21 Norbert Lüdecke, Die Täuschung, S. 63.

22 Ebd., S. 70.

23 Ebd., S. 72.

24 Ebd., S. 204.

25 Vgl. Michael Meier, Erneuerung der katholischen Kirche – nur eine »Alibi-übung«?, Tages-Anzeiger, 24.08.2021. Online: https://www.tagesanzeiger.ch/ist-der-geplante-reformprozess-nur-eine-alibiuebung-367715946183 (Stand: 08.01.2024).

26 Ebd.

27 Felix Bohr, Annette Langer, Christian Parth und Alfred Weinzierl, Deutschlands Katholiken fallen vom Glauben ab, Spiegel, 21.05.2021. Online: https://www.spiegel.de/panorama/deutschlands-katholiken-fallen-vom-glauben-ab-skandale-richtungskaempfe-massenaustritte-a-a52af057-0002-0001-0000-000177604417 (Stand: 08.01.2024).

28 Hans Joas im Online-Interview, Publik Forum, 09.03.2023. Online: https://www.publik-forum.de/religion-kirchen/mir-ist-kirche-nicht-egal (Stand: 08.01.2024).

29 Erwin Kräutler, Eiskalte Dusche, Herder Korrespondenz, 21.06.2023. Online: https://www.herder.de/hk/online-exklusiv/amazonas-und-weltbischofssynode-eiskalte-dusche/ (Stand: 08.01.2024).

30 Ebd.

31 Norbert Demuth, Kirchenrechtler Lüdecke: Synodaler Weg ist »Täuschung« der Gläubigen, katholisch.de, 28.07.2021. Online: https://www.katholisch.de/artikel/30723-kirchenrechtler-luedecke-synodaler-weg-ist-taeuschung-der-glaeubigen (Stand: 08.01.2024).

32 Ebd.

33 Norbert Lüdecke, Die Täuschung. S. 222.

34 Ebd., S. 13.

Kapitel 8:
Auch politisch kein revolutionärer Papst

Seine Haltung zum russischen Angriffskrieg gegen die Ukraine macht deutlich, dass sich dieser Papst nicht als Teil des Westens versteht. Seit Februar 2022 verurteilt er den Krieg, ohne aber deutlich den russischen Aggressor zu verurteilen und der Ukraine das Recht auf Verteidigung zuzubilligen. Er, der es sich zum Programm gemacht hat, zu den Stimmlosen und Entrechteten zu reisen, zu den Flüchtlingen auf Lampedusa und Lesbos, zu den bedrängten Christen im Irak oder in Zentralafrika, hat sich bisher nicht nach Kiew begeben. Er moniert Neutralität für den Heiligen Stuhl und ortet bei den Konfliktparteien in diesem Krieg eine Symmetrie der Schuld und der Versöhnung. Vor allem auch will er es sich mit dem »großen Russland«, das er romantisiert, und dem russisch-orthodoxen Patriarchen Kyrill nicht verderben. Hatte er sich doch mit diesem – nach fast tausendjähriger Eiszeit zwischen den beiden Kirchen – 2016 in Havanna getroffen und eine reaktionäre gemeinsame Erklärung verabschiedet. Einer der größten Erfolge seines Pontifikats, wie es damals schien. Die beiden wichtigsten europäischen Kirchenführer schmiedeten seit damals an einer antiislamistischen, aber auch antiliberalen Allianz. Mit dem islamisch-sunnitischen Führer Ahmad al-Tayyeb hat er eine Erklärung der Geschwisterlichkeit verfasst. Beides Dokumente mit antiwestlichem Zungenschlag gerade in Belangen der Moral. Bei der politischen Haltung des Papstes kommt es zu vielen falschen Einschätzungen: Er sei links und biete autoritären Regimes die Stirn, vor allem aber: Er sei Befreiungstheologe. Das ist er nicht, vielmehr ein Vertreter der domestizierten argentinischen Volkstheologie. Papst Johannes Paul II. hatte ihn 1992 zum Bischof gemacht, weil er dem revolutionären Messianismus abschwor. Franziskus ist auch politisch viel weniger revolutionär, als es die Medien glauben machen.

Franziskus irritierte von Beginn an mit seiner Haltung zum Krieg, der sich seit Februar 2022 in Europa abspielt. Das hat wohl mit der geo-kirchenpolitischen Veränderung zu tun, die er gemäß dem Kirchenhistoriker Massimo Faggioli verkörpert: Franziskus ist kein Europäer – und das in einer traditionell europäisch geprägten und europa-zentriert denkenden Kirche. »Es ist klar, dass Franziskus der erste wirklich globale Papst ist, ein nicht-westlicher Papst, der den Katholizismus von der Idee eines moralistischen bürgerlichen Mittelklassekatholizismus befreit hat, der noch definierte, was Katholizismus ist.«[1]

Der Südamerikaner auf dem Stuhl Petri zeigte sich im Ukraine-Krieg von Anfang an antiamerikanisch und außerhalb des westlichen Bündnisses gegen Russland stehend. Fast alle wichtigen Kirchenführer haben Putins Komplizen, Patriarch Kyrill, verurteilt und öffentlich aufgerufen, sich von Putin zu distanzieren, diesen zur Räson zu rufen. Nicht so Papst Franziskus. Er versucht zwar, die Rolle des Vermittlers und Friedenstifters in diesem Krieg einzunehmen: Er betet öffentlich für den Frieden, lanciert immer schärfere Appelle für ein Ende des Blutvergießens, lanciert eine eigene »Friedensmission«. Öffentlich aber hat er Kyrill weder ermahnt noch verurteilt. Sein stärkstes Wort nach eigener Aussage, er habe Kyrill bei einer Videoschaltung gewarnt, er dürfe nicht »Putins Messdiener« werden. Und in Wir-Form: »Wir dürfen nicht Staatskleriker sein«, sagte er gegenüber dem *Corriere della sera* im Mai 2022.[2] Dabei war Patriarch Kyrill immer schon Staatskleriker.

Franziskus reiste also nicht nach Kiew, aber Präsident Wolodymyr Selenskyj nach Rom. Am 13. Mai 2023 kam es zu einer Audienz beim Papst. Für viele überraschend: Selenskyj schlug die Vermittlerrolle des Heiligen Stuhls aus. Im italienischen Fernsehen sagte der ukrainische Präsident: »Für mich war es eine Ehre, Seiner Heiligkeit zu begegnen, aber er kennt meine Position: Der Krieg findet in der Ukraine statt, also muss es ein Friedensplan der Ukraine sein.« Und: »Bei allem Respekt für den Papst: Wir brauchen keinen Vermittler zwischen der Ukraine und einem Angreifer-Staat. Mit Putin kann man nicht verhandeln. Wir wollen einen gerechten Frieden für die Ukraine, das heißt, wir laden den Papst ein, an unserem Plan mitzuarbeiten.«[3]

Auf Twitter dann rügte der ukrainische Präsident die bisherige Neutralität des Heiligen Stuhls gegenüber den Kriegsparteien. Er habe den Papst gebeten, die russischen Verbrechen in der Ukraine zu verurteilen: Und ganz entscheidend: »Denn es kann keine Gleichheit zwischen dem Opfer und dem Aggressor geben.« Die *Tagespost* titelte: »Eine Ohrfeige für den Papst«. Noch nie sei eine päpstliche Friedensinitiative »so krachend und so öffentlich gescheitert« wie diese.[4]

Franziskus indessen hielt eigenmächtig an seinem Plan fest und schickte den italienischen Kardinal Matteo Zuppi auf »Friedensmission«, zunächst nach Kiew, dann nach Moskau, schließlich nach Washington und Peking. Zuppi ist der höchste Kirchenvertreter der politisch stark engagierten Bewegung Sant'Egidio und gehörte zu den Vermittlern beim Friedensabkommen zur Beendigung des Bürgerkriegs in Mozambik. Nach dem Besuch des Kardinals bei Selenskyj erklärte das ukrainische Präsidialamt, dass ein Waffenstillstand und ein Einfrieren des Konflikts keinen Frieden herbeiführen. Ein Waffenstillstand würde Russland nur dazu dienen, die Kräfte für eine weitere Offensive und eine neue Welle der Gewalt und des Terrors zu sammeln. »Die Ukraine begrüßt die Bereitschaft anderer Staaten und Partner, Wege zur Erreichung des Friedens zu finden, aber da der Krieg auf unserem Territorium stattfindet, kann der Algorithmus zur Erreichung des Friedens nur ukrainischer Natur sein.«[5]

Am 29. Juni 2023 dann traf Zuppi Patriarch Kyrill in Moskau. Von beiden Seiten hieß es im Anschluss, es sei eine fruchtbare Begegnung gewesen, wobei es vor allem um humanitäre Initiativen ging, insbesondere um die Vermittlung bei der Rückkehr von Tausenden verschleppter ukrainischer Kinder. Vor dem Termin beim Patriarchen war Zuppi mit dem außenpolitischen Berater des russischen Präsidenten, Juri Uschakow, zusammengetroffen. Ein Bild zeigt ihn überdies freundlich lächelnd mit der russischen Kinderrechtsbeauftragten Maria Lwowa-Belowa, der wegen der Deportation ukrainischer Kinder international geächteten Kriegsverbrecherin. Auch beim Treffen Zuppis mit Präsident Biden in Washington ging es um die Bemühungen des Heiligen Stuhls für die Rückführung ukrainischer Kinder. Das Wort »Vermittlung« wurde vermieden.

Der Papst des Südens hält nicht zum Westen

Vatikan-Kenner Sandro Magister beurteilt diese Initiativen äußerst kritisch. In seinem Artikel *Franziskus und die Paralleldiplomatie von Sant'Egidio* schreibt er: »In der Ukraine ist Zuppi, wie man weiß, wenig beliebt, bei der Regierung in Kiew wie bei der dortigen griechisch-katholischen Kirche. In der Flut seiner Äußerungen zum Krieg hat er es stets vermieden, das Recht der ukrainischen Nation, sich mit Waffen gegen die russische Invasion zu verteidigen, und auch ihre Aufrüstung durch viele westliche Nationen klar zu unterstützen.«[6] Für ihn sei der Christ ein Mann des Friedens, der einen anderen Weg des Widerstands wähle, nämlich Gewaltlosigkeit. Für Russland seien das süße Worte.

Sant'Egidio ist bekannt für seine starken Kontakte zu Patriarch Kyrill und der russisch-orthodoxen Kirche. Mit der Übertragung der Friedensmission an Zuppi zeige Franziskus, dass er mehr als mit der Ukraine den Dialog mit Russland wieder aufnehmen wolle, schreibt Magister. Auch der Gründer von *Sant'Egidio*, Andrea Riccardi, habe sich vom ersten Tag des russischen Angriffs an für die Kapitulation der Ukraine eingesetzt und gefordert, Kiew zu einer »offenen Stadt«

zu erklären, d. h. ohne Widerstand von der einmarschierenden Armee besetzen zu lassen. Magister hebt den Abstand zwischen den Positionen von Zuppi und Riccardi zu denen des vatikanischen Außenministers Erzbischof Paul Gallagher hervor, der die Unantastbarkeit der ukrainischen Grenzen einklage.[7] Gallagher sagte nach seinem eigenen Besuch in Kiew im Mai 2022, für die Ukraine stehe das Selbstverteidigungsrecht an vorderster Stelle: »Die Ukraine muss sich verteidigen, und dazu braucht sie Hilfe, auch militärische Hilfe«.[8]

Selbst an der internationalen Friedenskonferenz von *Sant'Egidio* vom letzten September in Berlin äußerte sich Zuppi nur vage zu seiner Mission und zur Reaktion der betroffenen Länder darauf. Der Kardinal ist bekannt dafür, heikle Themen wortreich nebulös zu umschiffen. Sehr befremdlich auch, dass an der Konferenz zahlreiche orthodoxe Bischöfe (aus Russland, Serbien und Rumänien) ihre geschönte Sicht auf den Krieg darlegen konnten gegenüber nur zwei Vertretern aus der Ukraine. Der Krieg blieb ein Thema am Rande.

Wo also steht Franziskus wirklich in diesem Konflikt? Interessant ist die Einschätzung, die der christliche Sozialwissenschaftler Peter Schallenberg vornimmt. Papst und Vatikan versuchten, eine neutrale Haltung einzunehmen. Hinsichtlich der moralischen Beurteilung von Kriegen sei er jedoch eindeutig: »Der Papst hat den russischen Angriffskrieg auf die Ukraine verurteilt, doch positioniert sich der Heilige Stuhl außerhalb der Machtblöcke. (…) Der Vatikan sieht sich dezidiert nicht als Teil des Westens.«[9] Laut Schallenberg wolle der Vatikan vermeiden, dass man ihn als Anhängsel der westlichen strategischen Bündnispolitik im Hinblick auf Kiew betrachten könnte. Anders aber als Magister verteidigt Schallenberg den Papst: »Aus meiner Sicht hat der Vatikan überhaupt keinen Grund, sich dieser politisch-strategischen Allianz anzuschließen, ohne dass deshalb irgendein Zweifel daran besteht, dass das ein ungerechter Angriffskrieg ist und dass die Ukraine das Recht hat, sich zu verteidigen.«[10] Schallenberg verweist auf die südamerikanische Herkunft des Papstes. Das neokoloniale Gebaren der USA in Lateinamerika habe Franziskus geprägt. Zudem seien die diplomatischen Beziehungen des Vatikans mit den USA jüngeren Datums. Auch das präge die Wahrnehmung des Vatikans, »der die USA keinesfalls als den Heilsbringer des Großteils der Welt ansieht«.[11]

Von der anderen Seite her argumentierend bestätigt Großerzbischof Swjatoslaw Schewtschuk von Kiew-Halytsch, das Oberhaupt der Ukrainischen Griechisch-Katholischen Kirche, es spiele eine Rolle, dass Franziskus Argentinier sei.[12] Die argentinische Kultur sei von einem tiefen Misstrauen gegenüber den USA und Europa geprägt. Argentinien habe sich einst von der Unterdrückung durch die spanischen Kolonialherren befreien müssen. Das habe Spuren hinterlassen. Schewtschuk, der seit 2009 Weihbischof in Buenos Aires war, frappierten dort Graffitis wie »Yankees, go home!«. Es falle Argentiniern schwer zu glauben, dass Amerikaner und Europäer sich altruistisch für ein anderes Land einsetzten, ohne eigene Interessen zu verfolgen. Der Großerzbischof zeigte sich enttäuscht von der Haltung des Papstes, der zu beiden Kriegsparteien den Kontakt suche, ohne sich klar auf die Seite der Angegriffenen zu stellen. Alles, was Franziskus seit Ausbruch des Kriegs für die Ukraine habe tun wollen, sei gescheitert.

Er lässt sich für seine »Ostpolitik« und das Treffen mit Kyrill feiern

Die für den Westen befremdliche Haltung des Papstes im Ukraine-Krieg hat freilich auch mit seiner »Ostpolitik« tun. Er will die erreichten Erfolge nicht gefährden. Hatte er doch seine »Ostpolitik« bisher klar auf das Moskauer Patriarchat als wichtigste und größ-

te Schwesterkirche ausgerichtet. Es war ihm gelungen, nach jahrhundertelanger Eiszeit ein Tauwetter herbeizuführen und Rom mit
Moskau, dem »dritten Rom«, auf Dialogkurs zu bringen. Kulminationspunkt war das Treffen mit dem russisch-orthodoxen Patriarchen Kyrill am 12. Februar 2016 im Flughafen von Havanna.
Der Applaus von außen war ihm sicher. Er selber sah in dieser Begegnung »Gottes Willen«, den Patriarchen begrüßte er als »Bruder«.
Er habe eine innere Freude verspürt, sagte Franziskus im Nachhinein. Obwohl Franziskus wusste, dass Kyrill ein Mann Putins ist, ein
dezidierter Feind des westlichen Liberalismus und Verteidiger des
Autoritarismus. Beobachtern war klar, dass das als Wendepunkt und
Meilenstein gelobte ökumenische Treffen mit dem Segen Putins zustande gekommen war, der den Papst schon zweimal getroffen hatte
und damals im Westen Verbündete suchte.

In einer ausführlichen gemeinsamen Erklärung beklagen die beiden Kirchenführer, »wenn gewisse politische Kräfte, die durch die
Ideologie eines oft sehr aggressiven Säkularismus geleitet werden, sie
[die Christen] an den Rand des öffentlichen Lebens zu drängen versuchen«.[13] »Besonders stellen wir fest, dass die Transformation einiger Länder in säkularisierte Gesellschaften, die jedem Bezug zu Gott
und seiner Wahrheit fernsteuern, eine schwere Bedrohung für die
Religionsfreiheit darstellt.«[14] Um dann eine stark geschönte Interpretation der »religiösen Renaissance« im postsowjetischen Russland
vorzulegen: »Indem wir den hohen Wert der Religionsfreiheit bekräftigen, danken wir Gott für die noch nie dagewesene Erneuerung des christlichen Glaubens, die gerade in Russland und in vielen
Ländern Osteuropas geschieht, wo über Jahrzehnte hinweg atheistische Regime vorgeherrscht haben. Heute sind die Ketten des militanten Atheismus zerbrochen, und die Christen können an vielen
Orten ihren Glauben frei bekennen. In einem Vierteljahrhundert
sind Zehntausende von neuen Kirchen gebaut sowie Hunderte von

Klöstern und theologischen Schulen eröffnet worden.«[15] Dabei ist für Religionssoziologen klar, dass die religiöse Renaissance im postsowjetischen Russland vor allem als Kitt des nationalen Zusammenhalts dient.

Die 30 Punkte der Havanna-Erklärung lesen sich wie das Programm einer strategisch-moralischen Allianz gegen dekadente westliche Werte, gegen Homo-Ehe, Gender-»Ideologie« und Feminismus. Kyrill hatte die Homo-Ehe einst als »apokalyptisches Signal der Selbstzerstörung« bezeichnet und den Feminismus als »sehr gefährlich« qualifiziert. Beides ist für ihn der Inbegriff westlicher Dekadenz. In der Erklärung werten Papst und Patriarch die Familie als »die natürliche Mitte des menschlichen Lebens und der Gesellschaft. Wir sind über die Krise der Familien in vielen Ländern besorgt. Orthodoxe und Katholiken teilen die gleiche Auffassung über die Familie. Sie sind aufgerufen zu bezeugen, dass sie ein Weg zur Heiligkeit darstellt«.[16]

Dann beschwören sie die Gefahr, die von der Homoehe für die Familie ausgehe: »Die Familie gründet sich auf der Ehe, dem Akt der freien und treuen Liebe eines Mannes und einer Frau. (…) Wir bedauern, dass andere Formen des Zusammenlebens mittlerweile auf die gleiche Stufe dieser Verbindung gestellt werden, während die durch die biblische Tradition geheiligte Auffassung der Vaterschaft und der Mutterschaft als besondere Berufung des Mannes und der Frau in der Ehe aus dem öffentlichen Bewusstsein ausgeschlossen wird.«[17] Zu ihrem Lasterkatalog fügten die beiden Kirchenführer auch die Abtreibung, (»das Blut der ungeborenen Kinder schreit zu Gott«) hinzu, die künstliche Befruchtung und die Euthanasie.

Hellsichtig kommentierte Marco Marzano 2019, es sei sehr wahrscheinlich, dass für die Abfassung der Erklärung vor allem die Russen verantwortlich gewesen seien und die für sie wichtige Themen unterstrichen hätten:[18] nämlich die »totale Identifikation mit Putin, den Kampf gegen jedwede kulturelle Modernisierung der ›Großen Mutter Russland‹, das Eintreten für eine durch und durch und entschieden reaktionäre Position« sowie »die Unterstützung von Putins aggressiver Außenpolitik«.[19] Den Ukraine-Konflikt, (gemeint war damals die Annexion der Krim) stellen Papst und Patriarch als Konflikt zwischen zwei Parteien dar: »Wir bedauern die Auseinandersetzung in der Ukraine, die bereits viele Opfer gefordert, unzählige Verwundungen bei den friedlichen Einwohnern verursacht und die Gesellschaft in eine schwere wirtschaftliche und humanitäre Krise geworfen hat. Wir laden alle Konfliktparteien zur Besonnenheit, zur sozialen Solidarität und zum Handeln ein, um den Frieden aufzubauen. Wir laden unsere Kirchen in der Ukraine ein, zu arbeiten, um zur gesellschaftlichen Eintracht zu gelangen, sich einer Beteiligung an der Auseinandersetzung zu enthalten und nicht eine weitere Entwicklung des Konfliktes zu unterstützen«.[20]

Kein Wunder, dass sich in der Ukraine viele von der Erklärung bitter enttäuscht zeigten, vor allem die griechisch-katholische Kirche. Sie fühlte sich verraten, weil die Erklärung auf eine Verurteilung der damaligen russischen Aggression gegen die Ukraine ebenso verzichtete wie auf die Verurteilung der 1946 erfolgten Zwangsfusion der griechisch-katholischen Kirche mit der Orthodoxie. Kommt dazu, dass Kyrill und Franziskus die geopolitische Gefahr und das gemeinsame politische Feindbild im Islamismus erkannten, vor dem sie die Christen im Nahen Osten schützen wollten. Sie beklagen, dass in vielen Ländern des Nahen Ostens und Nordafrikas »Familien, Dörfer und ganze Städte unserer Brüder und Schwestern in Christus ausgelöscht« werden und warnen sie vor islamistischem Terror und der Gefahr eines neuen Weltkriegs.[21]

Wie Franziskus Groß-Russland romantisiert

Dass dann aber die geopolitische Gefahr von einer explizit christlichen Nation, unterstützt vom gehätschelten Partner im Osten, ausging, brachte den Papst in Verlegenheit, die ihn aber nicht zu einer grundsätzlichen Kurskorrektur bewog.

Franziskus weiß seit Kriegsbeginn sehr wohl, um wen es sich bei Patriarch Kyrill handelt. Manche halten diesen für Putins Rasputin, den unheimlichen Mann Gottes, der am Hof von Zar Nikolaus II. seinen verderblichen Einfluss ausübte. Zumindest ist der ehemalige KGB-Agent Kyrill Putins Komplize und flüstert ihm das heilige Narrativ für dessen imperialen Ansprüche auf ein Großrussland ein. Und das geht so: Das russische Christentum ist 988 durch die Taufe des Großfürsten Wladimir aus der Kiewer Rus hervorgegangen und bildet zusammen mit den Brudervölkern Weißrussland und Ukraine ein gemeinsames kanonisches Territorium. Für Kyrill und Putin ist die russisch-orthodoxe Kirche die Wiege der russischen Kultur, die Identität stiftende Kraft der russischen Welt.

Dieses Narrativ scheint auch Franziskus zu teilen. Jedenfalls rief er im August 2023 russischen Katholiken des katholischen Jugendtreffens von Sankt Peterburg in einem Videogespräch zu: »Ihr seid Erben des großen Russland von Peter dem Großen, von Katharina II.« Dieses Reich habe eine große Kultur und »viel Menschlichkeit« besessen. »Ihr seid Erben der großen Mutter Russland; macht weiter damit«.[22] Trotz dieser offensichtlichen Verklärung des großen Russland bestritt Franziskus, dass er die imperiale Ideologie Russlands habe verteidigen wollen. Journalist Richard Herzinger indes erkannte darin einen Beleg, wie tief der Papst den Mythos vom russischen Reich als dem vermeintlichen Bollwerk zum Schutz des christlichen Abendlands verinnerlicht habe.[23] Mit dem Mythos habe das Zarentum seine Gewaltherrschaft mystisch überhöht, und der Putinismus versuche ihn jetzt wiederzubeleben, indem er sich als Verteidiger christlicher Werte gegen die vermeintliche westliche Dekadenz gebe. Dazu passe, dass der Papst im November 2022 für das brutale Vorgehen der russischen Invasionstruppen in erster Linie die in ihren Reihen kämpfenden muslimischen Tschetschenen und mehrheitlich buddhistische Burjaten verantwortlich machten, da diese nicht der russischen Tradition angehörten.

Franziskus zieht auch gern die Nato zur Rechenschaft: Im Mai 2022 meinte er gegenüber dem *Corriere della sera*, möglicherweise habe »das Bellen der Nato an der Tür Russlands« dazu geführt, »eine Wut zu provozieren, von der ich nicht weiß, ob man sagen kann, dass sie provoziert wurde, aber vielleicht erleichtert«.[24] Alles in allem gibt es für ihn im Ukraine-Krieg eine Symmetrie der Schuld und der Versöhnung. Nicht von ungefähr ließ er – trotz Kritik – am Kreuzweg 2022 eine Ukrainerin und eine Russin das Kreuz ein Stück weit gemeinsam tragen.

Dass er sich nicht klar auf die Seite der Ukraine stellt, wird immer wieder kritisiert, etwa von der Berliner Ostkirchen-Expertin Regina Elsner. Sie hat von Anfang an bemängelt, dass Franziskus sich von Moskau und dem russisch-orthodoxen Patriarchat nicht eindeutig distanzierte und sich so zum Komplizen von Kyrills Ideologie mache. Und Hans-Joachim Sander, Dogmatikprofessor in Salzburg, bemängelt auf *katholisch.de* die neutrale Haltung des Papstes gegenüber Russland, also zu einem diktatorischen Staat. Es gebe derzeit keine gebotene Neutralität und weise Äquidistanz mehr, wie man es mit autoritärer Herrschaft halte. »Das gilt gerade für eine katholische Weltkirche, deren autoritär verfasster Klerikalismus ihren sexuellen Missbrauch so intensiv vertuschte«, mahnte er. »Womöglich erleben wir gerade, wie das Pontifikatsprogramm des Franziskus zur Selbstblockade wird.«[25] Nur eine Kirche, die ihre eigenen autoritären Systemschwächen ausräume und der autoritären Versuchung standhalten könne, käme als Vermittlerin in Frage.

Auch Franziskus' Argument, er könne der Neutralität wegen nicht nach Kiew reisen, ist wenig glaubwürdig. Die bisherigen päpstlichen Reisen hatten alle auch eine politische und eine anwaltschaftliche Note. Sie galten immer den Stimmlosen, den Ausgegrenzten, den Opfern: den Flüchtlingen auf Lampedusa, den verfolgten Christen im Irak, den Bürgerkriegsopfern in Zentralafrika, den Gestrandeten auf Lesbos, den Aids-Kranken in Mosambik, oder Flüchtlingen in Auffanglagern in Bangladesch, hungernden Kindern in Madagaskar, den Gebeinen von zwangsmissionierten Indianerkindern auf kanadischen Friedhöfen. Auch seine ganze Personalpolitik der Peripherie zielt darauf, Anwälte von Minoritäten und Stimmlosen zu Kardinälen zu machen. Doch beim Ukraine-Konflikt pocht er darauf, die Neutralität zu wahren, Kiew und Moskau beide zu besuchen, weil er eben, wie Selenskyj bemängelt, Aggressor und Opfer nicht unterscheiden mag. Gerade in diesem für Europa zentralen Krieg mag er selbst ein diktatorisches Regime nicht kritisieren und nicht wirklich Anwalt der Opfer sein. Auch im neuen Nahost-Krieg gelingt es ihm nicht, als Friedensvermittler aufzutreten. Franziskus ist nicht gewillt, das Hamas-Blutbad vom 7. Oktober als das zu sehen, was es ist: als abscheulichen Terrorakt. Wiederum von einer Symmetrie der Gewalt ausgehend, glaubt er, sich stärker auf die palästinensische Seite schlagen zu müssen.

Gemäß dem bekannten Kirchenhistoriker Hubert Wolf hat sich Franziskus weder im Nahost- noch im Ukraine-Konflikt als Friedensvermittler bewähren können – auch weil er einem naiven Pazifismus huldige. Ein radikaler Pazifismus aber, wie ihn Franziskus vertrete, gehöre gerade nicht zur Tradition der katholischen Kirche. Vielmehr halte es diese mit der Lehre des Gerechten Kriegs: »Sie legt Kriterien fest, wann ein Christenmensch zu kriegerischen Mitteln greifen darf«, so Wolf.[26] Der heilige Thomas von Aquin habe diese systematisiert. Am wichtigsten sei das Kriterium des »gerechten Grundes«. Diese *iusta causa* sei immer dann gegeben, wenn ein Land und vor allem die Zivilbevölkerung angegriffen werde. Dann habe man das Recht und gegebenenfalls nach der Lehre der Kirche sogar die Pflicht, sich mit Waffen in der Hand zu verteidigen. »Ja, was die Ukraine macht, ist eine Form der Selbstverteidigung, die mit der katholischen Tradition übereinstimmt. Franziskus aber fremdelt offenkundig mit dieser.«[27]

Wolf weist darauf hin, dass es im Ukrainekonflikt einen eindeutigen Aggressor gibt: Russland, den der Papst aber nicht als solchen nenne. »Und er sagt auch nicht, dass die Ukrainer nach der Lehre vom Gerechten Krieg selbstverständlich das Recht haben, sich zu verteidigen. Ja, dass sie sogar gezwungen sein könnten, Waffen in die Hand zu nehmen, um ihre Kinder zu verteidigen. Stattdessen schwadroniert er: Im Grunde seien an diesem Krieg die Amerikaner schuld. Vielleicht wäre es besser, er hätte geschwiegen.«[28]

Wolf zufolge ist Franziskus schließlich »nicht irgendein Dorfpfarrer in den Schweizer Alpen«: »Er kann nicht einfach daherreden, was ihm spontan in den Sinn kommt. Sondern er muss sich klar sein, welche Bedeutung seine Worte weltweit haben. Und das ist, glaube ich, ein Grundproblem bei Franziskus.«[29]

Gemeinsame Erklärungen mit Staatsklerikern

Anders als Benedikt XVI., aber wie Johannes Paul II. ist Franziskus ein politischer Papst, der nicht müde wird, die Menschenrechte einzuklagen. Wollte man ihn mit dem Polen-Papst vergleichen, ist er wohl noch schärfer als dieser in seiner Kapitalismus- und Konsumkritik, und noch dezidierter auf der Seite der Flüchtlinge und Migranten, was sich etwa in seinem Appell für die Seenotrettung zeigt. Im Unterschied zum Polen-Papst aber kann er politisch keine expliziten Erfolge für sich verbuchen. Zuvieles verbleibt im Symbolisch-Ephemeren, wenn er etwa im Juni 2014 gemeinsam mit Israels Staatschef Schimon Peres und Palästinenserpräsident Mahmud Abbas in den vatikanischen Gärten für den Frieden im Nahen Osten betet. Auch die mit seiner grünen Enzyklika *Laudato si'* erhoffte Einflussnahme auf die Weltklimakonferenz von 2015 in Paris blieb beschränkt. Darin prangert er den Konsumismus und die selbstmörderische Lebensweise der Menschen an, die die Erde zu einer »unermesslichen Mülldeponie« mache. Er fordert die drastische Reduktion des Treibhausgasausstoßes und eine Dekarbonisierung der Weltwirtschaft. Auch in seiner zweiten Sozialenzyklika *Fratelli tutti* verbindet Franziskus dezidiert die Klima- mit der Armutsfrage. Allerdings sind die in den beiden Sozialenzykliken aufgeworfenen Themen für ihn, den vermeintlichen Reformer, unverfänglich, viel unverfänglicher, als wenn er eine eigene Enzyklika zur Stellung der Frau oder zum Wert des Zölibats geschrieben hätte.

Auch seine genuin eigene Politik der Peripherie ist vor allem symbolisch und will bedrängte christliche Minderheiten oder marginalisierte und politisch gebeutelte Ortskirchen stärken. Selbst hier ist des Papstes Haltung widersprüchlich: Ihm, dem Anwalt der Entrechteten und der Minderheiten, fällt es offenbar leicht, mit autoritären Regimen oder deren Handlangern zusammenzuarbeiten. So ging er 2018 mit China ein Geheimabkommen ein, um katholische Bischöfe einvernehmlich mit dem Regime zu küren, was die chinesische Untergrundkirche düpierte. Er lässt es sich auch gefallen, dass China schon wiederholt gegen das Abkommen verstoßen und Bischöfe ohne Absprache mit dem Heiligen Stuhl eingesetzt hat – die dieser dann, mit einem zeitlichen Abstand zwar, bestätigt.

Und so wie er 2016 mit Putins Vasall Patriarch Kyrill auf Havanna eine Erklärung verabschiedete, unterzeichnete er 2019 mit der sunnitischen Galionsfigur, Großscheich Ahmad al-Tayyeb von der ägyptischen al-Azhar-Universität, die Erklärung über die Geschwisterlichkeit. Al-Tayyeb agiert im Einklang früher mit Präsident Mubarak, heute mit Abdel Fattah al-Sisi. (Siehe Kapitel über Tauwetter mit dem Islam). Auch wenn al-Sisi einen gemäßigten Islam vertritt, ist er doch ein Diktator, der auch die religiösen Autoritäten auf Linie bringt. Al-Tayyeb gehört wie Kyrill zu den von Franziskus eigentlich geschmähten »Staatsklerikern«. Zwar verurteilt al-Tayyeb den Islamischen Staat, Selbstmordattentate gegen Israel hat er aber schon gerechtfertigt und eine Aufklärung für den Islam kategorisch abgelehnt, ebenso den Religionswechsel. Man mag dafürhalten, dass Franziskus al-Tayyeb in der Erklärung von Abu Dhabi zur Absage an Terrorismus und religiöse Rechtfertigung von Gewalt verpflichten konnte. Doch haben beide Erklärungen ob mit Islam oder den Orthodoxen nicht nur einen hypermoralischen, sondern auch einen befremdlich antiwestlichen Zungenschlag.

Das Befremden ist umso größer, als Franziskus mit den demokratischen Kirchen der Reformation nur eine sehr knappe Erklärung verabschiedet hat, jene mit den Lutheranern 2016 in Lund. Sie legt das Augenmerk auf (Streit-)Fragen des Glaubens und gibt dem Schmerz Ausdruck, nicht gemeinsam am Tisch des Herrn feiern zu können, spricht aber globale Bedrohungen wie Armut und Extremismus nur summarisch an. Offenbar sieht er mit diesen den westlichen Demokratien verpflichteten liberalen Kirchen strukturell, ethisch wie geopolitisch zu wenig Berührungspunkte. Diese findet er viel eher bei tendenziell antiwestlichen und reaktionären Religionsgemeinschaften.

Die Erklärung mit Großscheich al-Tayyeb war auch viel folgenreicher als jene von Lund, zunächst für Franziskus persönlich. Sie hat ihn 2020 zu seiner zweiten Sozial-Enzyklika *Fratelli tutti* inspiriert, eine Ode an die (interreligiöse) Geschwisterlichkeit und die soziale Freundschaft. Politisch bewog die Erklärung die Uno 2020, den Internationalen Tag der menschlichen Geschwisterlichkeit einzuführen, begangen jeweils am 4. Februar. Im Juni 2023 wurde die Erklärung sogar innerhalb des UNO-Sicherheitsrats debattiert. Dieser wollte in einer Resolution zur Verurteilung von Hassreden, Rassismus, Geschlechterdiskriminierung und extremistischen Handlungen ursprünglich einen Verweis auf die Abu-Dhabi-Erklärung anbringen. Der wurde aber gestrichen, nachdem einige Mitglieder Bedenken geäußert hatten, der Verweis könne als Billigung des ganzen Dokumentes von 2019 gelten, inklusive der Verurteilung der Abtreibung. Auch Frankreich monierte, dass religiöse Fragen nicht in den Sicherheitsrat gehörten und dass die Abu-Dhabi-Erklärung zu schwach sei, wenn es um Frauenrechte, sexuelle Orientierung und Geschlechteridentität gehe.

Ein Volkstheologe, kein Befreiungstheologe

Besonders viele Vorurteile, ja falsche Einschätzungen gibt es über den angeblichen Befreiungstheologen Jorge Mario Bergoglio. Die rühren auch daher, dass so namhafte Personen wie der Befreiungstheologe Leonardo Boff und der Bürgerrechtler Pérez Esquivel sich sehr positiv zur Wahl von Papst Franziskus geäußert hatten. Als Papst dann sprach Franziskus einen der berühmtesten Befreiungstheologen, den früheren Erzbischof von San Salvador, Óscar Romero, am 14. Oktober 2018 heilig. Zwar war Romero kein Befreiungstheologe der ersten Stunde, bekehrte sich vielmehr erst als Bischof unter der Gewalt des salvadorianischen Militärs in den 70er Jahren zu den Armen. Er wurde am 24. März 1980 von Schergen der Militärdiktatur am Altar ermordet – mit ein Grund für den ausbrechenden Bürgerkrieg. Es wäre indes falsch, die Heiligsprechung Romeros durch Franziskus als Kontrapunkt zu den Pontifikaten von Johannes Paul II. und Benedikt XVI. zu sehen. Als Jesuit und ehemaliger Jesuitenprovinzial in Argentinien agierte Bergoglio auf der Linie des damaligen Glaubenspräfekten Joseph Ratzinger. Bei beiden war die Ablehnung der Befreiungstheologie, vor allem deren marxistischer Gesellschaftsanalyse, von der Angst zur Zeit des Kalten Krieges geprägt, der gottlose Kommunismus sowjetischer Prägung könnte Kapitalismus wie Katholizismus in Lateinamerika zersetzen. So sagt denn Marco Marzano: »Bergoglio war ein absolut gemäßigter Kirchenmann«, ein »streng katholisch-nationalistisch und damit klar antimarxistisch ausgerichteter Peronist.«[30]

Man muss sich vor Augen halten, dass Bergoglio unter Papst Johannes Paul II., dem dezidierten Gegner der Befreiungstheologen, in die höchste Kirchenhierarchie aufgestiegen war. Der Papst aus Polen ernannte damals in Lateinamerika stramme Antikommunisten zu Bischöfen und machte auch den Jesuiten Bergoglio, der dem revolutionären Messianismus fernstand, 1992 zunächst zum Weihbischof in Buenos Aires, 1998 zum Erzbischof und 2001 zum Kardinal. Für den Jesuiten Klaus Mertes ist evident, dass Bergoglios Bischofsernennung von 1992 als »ein Signal an den Jesuitenorden zu verstehen« war.[31] Er verweist auf den früheren Konflikt mit dem Generaloberen Pedro Arrupe (1965 bis 1983), der für Papst und Kurie nicht konsequent genug gegen die marxistischen Tendenzen in den eigenen Reihen vorgegangen war. Johannes Paul II. nahm den Schlaganfall von Arrupe zum Anlass, in die Leitungsstruktur des Ordens einzugreifen und einen Administrator einzusetzen. Laut Mertes blieb sein Misstrauen gegen die Jesuiten auch nach der Wahl des neuen Generals Peter-Hans Kolvenbach bestehen.

Die Haltung des Argentiniers bringt Mertes auf folgende Formel »Befreiungstheologie minus Marxismus plus Volksfrömmigkeit«: »Bergoglio stand den marxistischen Tendenzen in der Befreiungstheologie kritisch gegenüber.«[32] Denn die Befreiungstheologen verachteten die von diesem so hoch geschätzte Volksfrömmigkeit. Auch für den Juristen und Theologen Georg Dietlein ist evident: »Weder Jorge Maria Bergoglio noch Papst Franziskus sind Anhänger einer marxistisch-ideologischen Befreiungstheologie. Ihnen geht es nicht um die abstrakte Idee einer »Klasse«, sondern um das ganz konkrete und real existierende Volk, vor allem um das Schicksal der Armen und Unterdrückten«.[33] Er sieht in Bergoglio/Franziskus einen Anhänger der Volkstheologie (Teología del Pueblo), einer moderaten Form der Befreiungstheologie, vertreten von argentinischen Theologen wie Lucio Gera, Rafael Tello, Juan Carlos Scannone, auf die sich auch Papst Franziskus häufig beruft. Sie alle setzen den Akzent stärker auf die Volkskultur als auf Befreiung. Zentral ist für sie die gläubige Praxis des einfachen Volkes in Lateinamerika. »Gerade dieses ärmere Volk lebt tief religiös und gestaltet seinen Lebensalltag im Lichte des Evangeliums.« Das betone Franziskus etwa in seinem Schreiben *Evangelii gaudium*, wo er die Volksfrömmigkeit, Volksspiritualität und Volksmystik ausdrücklich als einen »*locus theologicus*«, als eine Quelle der Theologie bezeichne.[34]

Zu dieser Volksfrömmigkeit gehört laut Dietlein die besondere Verehrung der Jungfrau Maria, der Heiligen und Engel – und die Warnung vor dem Teufel, müsste man ergänzen. Die Vorliebe für das konkrete und greifbare Heilige äußere sich in Wallfahrten, Rosenkranzgebeten und, in Verbindung von Religion und indigener Kultur, in Volksprozessionen und Volksfesten. »Die Teología del pueblo nimmt schlicht und ergreifend Maß am Glaubensvollzug des einfachen und gläubigen Volkes ...«[35] Marco Marzano sieht die Teología del Pueblo sogar in vielem als »Gegenspielerin der Befreiungstheologie«.[36] Sie fokussiere stärker auf die tiefe Religiosität und Glaubenskraft der Armen und Entrechteten, weniger aber auf deren politische Emanzipation.

Auch der Jesuit Franz-Xaver Hiestand, Leiter der Zürcher katholischen Hochschulgemeinde Aki, sieht das so. In einem Interview mit dem Zürcher *Tages-Anzeiger* einen Tag nach der Wahl von Franziskus sagte er: »Bergoglio hatte sich von den Befreiungstheologen distanziert, weil sie sich in ihrer Sozialanalyse auch auf Karl Marx stützten. Gewiss engagierte er sich immer karitativ. Befreiungstheologen wie Dom Hélder Câmara aber wollten mehr: Sie zielten eine strukturelle Veränderung der Gesellschaft an.«[37]

Mit der Wahl von Papst Franziskus kam laut Hiestand auch der kontrovers diskutierte Konflikt zur Zeit der Militärjunta aufs Tapet: »Bei uns im Orden weiß man, dass Bergoglio als Jesuitenoberer in Argentinien ganz tief verbunden war mit der Geschichte der argentinischen Militärdiktatur in den 70er Jahren. Und dass die argentinische Kirche – ganz im Gegensatz etwa zur chilenischen oder zur zentralamerikanischen Kirche – eine diktaturfreundliche Haltung einnahm. Sie trug das System der Militärdiktatur wesentlich mit. Ausnahmen bildeten jene Christen, die dann verfolgt und getötet wurden. Man muss sich nur das fürchterliche Geschehen vergegenwärtigen, dass Militärkapläne Verurteilte segneten, bevor sie aus den Flugzeugen ins Meer geworfen wurden.« Der neue Papst Franziskus brachte dieses düstere Kapitel wieder an die Oberfläche – »gerade in einer Zeit, in der auch die argentinische Gesellschaft dabei ist, diese Vergangenheit aufzuarbeiten«, so Hiestand. »Es geht um all die Kriege zur Zeit des Kalten Krieges, die sich durch Stellvertreter-Auseinandersetzungen in Ländern wie Argentinien abgespielt haben, es geht um das Kräftemessen der USA mit den sozialen und demokratischen Reformbewegungen.« Sicher sei Bergoglio ordensintern mit den sehr stark befreiungstheologisch engagierten Jesuiten zusammengestoßen, auch mit dem damaligen Ordensgeneral Pedro Arrupe.[38]

Hauptvorwurf an Bergoglio damals war, dass er bei der gewaltsamen Verschleppung und fünfmonatigen Inhaftierung der zwei in den Armenvierteln engagierten Jesuiten Franz Jalics und Orlando Yorio durch Schergen der Militärdiktatur im Jahr 1976 mit der Junta kooperiert habe. Zumindest hatte er den beiden Befreiungstheologen die Befugnis entzogen, die Messe zu lesen, und sie damit dem Schutz der Kirche entzogen. Später sagten die beiden aus, sie seien von Bergoglio denunziert worden. Er selber bestritt alles. Erst als Bergoglio Papst wurde, erklärte der damals 95-jährige Jalics in einer persönlichen Stellungnahme vom 15. März 2013: »Ich kann keine Stellung zur Rolle von P. Bergoglio in diesen Vorgängen nehmen«.[39] Als Bergoglio schon Erzbischof von Buenos Aires gewesen sei, habe es eine Aussprache gegeben: »Danach haben wir gemeinsam öffentlich Messe gefeiert und wir haben uns feierlich umarmt.«[40] Er sei mit den Geschehnissen versöhnt und betrachte sie als abgeschlossen. Nach verschiedenen Medienanfragen präzisierte der greise Jalics sechs Tage später, es sei falsch zu behaupten, »dass unsere Gefangennahme auf die Initiative von Pater Bergoglio geschehen ist.«[41] Danach erklärten viele die Kontroverse für abgetan.

Laut Hiestand dürfte Franziskus heute stärker auf der Seite der Armen stehen als damals. Biograph Paul Vallely spricht zwar nicht von einer religiösen Bekehrung, aber von einem Gesinnungswandel: Bergoglio habe als »religiös und politisch Konservativer« angefangen, habe von 1971 in hohen Ämtern des Jesuitenordens diesen als »selbst erklärter Feind der Befreiungstheologie« gespalten, um dann, 1990 ins Exil nach Córdoba verbannt, einen »tiefen persönlich wie politisch dauerhaften Gesinnungswandel« zu vollziehen – hin zur Bescheidenheit, hin zu den Armen und zur Befreiungstheologie, wobei eben Volkstheologie treffender wäre.[42]

Was die Befreiungstheologie betrifft, ist die Situation heute eine ganz andere geworden. Sie macht der Kirche keine Angst mehr. Inzwischen hat sich die weltpolitische Lage geändert und den früheren Konflikt entschärft. Nach dem Fall der Mauer kann sich Franziskus auf die Seite der Armen schlagen, ohne sich dem Verdacht auszusetzen, mit dem antireligiösen Marxismus zu paktieren. Das hat auch der frühere Glaubenspräfekt Gerhard Ludwig Müller in seinem Buch *Armut* dargelegt.

Zum Schluss noch die Stimme eines Apologeten von Franziskus, der ihn aus der ideologischen Schusslinie nimmt: Antonio Spadaro, Leiter der Jesuiten-Zeitschrift *La Civiltà Cattolica*, sagte in Rom bei der Vorstellung seines Interview-Buchs mit dem Papst, dieser sei frei von jeglicher Ideologie: »Sein Ansatz ist immer seelsorglich und nie ideologisch gewesen.«[43] Es sei unmöglich, Franziskus in eine Richtung wie rechts oder links ziehen zu wollen. Der Papst habe betont, er sei nie rechts gewesen. Damit habe er sich auf Vorwürfe einer Nähe zur argentinischen Militärdiktatur (1976–1983) während seiner Zeit als Erzbischof von Buenos Aires bezogen, so Spadaro. Ebenso habe Franziskus gesagt, er sei nie Kommunist gewesen. Auch dies belege, dass das Kirchenoberhaupt meilenweit von jeglichem ideologischen Ansatz entfernt sei. »Der Papst verweigert eine Ideologisierung des Christentums«, so Spadaro.[44]

In der Tat: Franziskus bleibt politisch schwer einzuordnen, zumal im klassischen Links-Rechts Schema – ganz ähnlich wie der Peronismus, der ihn stark geprägt hat. Was offensichtlich ist: Der Papst will nicht Teil des Westens sein. Er ist ein Mann des Südens, und trotzdem nicht der politische Revolutionär, für den ihn viele halten.

Anmerkungen

1 Christoph Strack, Zehn Jahre Papst Franziskus: vertraut und fremd, Deutsche Welle, 13.03.2023. Online: https://www.dw.com/de/zehn-jahre-papst-franziskus-vertraut-und-fremd/a-64913078 (Stand: 08.01.2024).
2 Luciano Fontana, Intervista a Papa Francesco: »Putin non si ferma, voglio incontrarlo a Mosca. Ora non vado a Kiev«, Franziskus im Interview mit Corriere

della sera, 03.05.2022, Online: https://www.corriere.it/cronache/22_maggio_03/intervista-papa-francesco-putin-694c35f0-ca57-11ec-829f-386f144a-5eff.shtml (Stand: 08.01.2024).

3   Guido Horst, Eine Ohrfeige für den Papst, Tagespost, 15.05.2023. Online: https://www.die-tagespost.de/politik/eine-ohrfeige-fuer-den-papst-art-237963 (Stand: 08.01.2024).

4   Ebd.

5   Selenskyj trifft Kardinal Zuppi, die ukrainische Friedensformel steht im Mittelpunkt des Gesprächs, Agenzia nova, 06.06.2023. Online: https://www.agenzianova.com/de/news/zelensky-incontra-il-cardinale-zuppi-al-centro-del-colloquio-la-formula-di-pace-ucraina/ (Stand: 08.01.2024).

6   Sandro Magister, Franziskus und die Paralleldiplomatie von Sant'Egidio, katholisches.info, 26.05.2023. Online: https://katholisches.info/2023/05/26/franziskus-und-die-paralleldiplomatie-von-santegidio/ (Stand: 08.01.2024).

7   Vgl. ebd.

8   Stefano Leszczynski, »Ich habe ein verwundetes und mutiges Volk getroffen«, »Außenminister« Paul Gallagher im Interview mit Vatican News, 22.05.2022, Online: https://www.vaticannews.va/de/vatikan/news/2022-05/gallagher-vatikan-ukraine-kiew-besuch-krieg-solidaritaet-papst.html (Stand: 08.01.2024).

9   »Der Vatikan sieht die USA nicht als Heilsbringer der Welt«, Peter Schallenberg im Interview mit domradio.de, 24.05.2023. Online: https://www.domradio.de/artikel/laut-sozialethiker-hat-der-papst-das-kriegsende-im-blick (Stand: 08.01.2024).

10 Ebd.

11 Ebd.

12 Vgl. Oliver Hinz, Verstehe den Schmerz nicht, domradio.de, 05.07.2023. Online: https://domradio.de/artikel/unmut-ueber-franziskus-der-ukraine (Stand: 08.01.2024).

13 Gemeinsame Erklärung von Franziskus und Patriarch Kyrill, 12.02.2016, Nr. 15. Online: https://www.vatican.va/content/francesco/de/speeches/2016/february/documents/papa-francesco_20160212_dichiarazione-comune-kirill.html (Stand: 08.01.2024).

14 Ebd., Nr. 15.

15 Ebd., Nr. 14.

16 Ebd., Nr. 19.

17 Ebd., Nr. 20.

18 Vgl. Marco Marzano, Die unbewegliche Kirche. Franziskus und die verhinderte Revolution, Freiburg im Breisgau: Herder 2019, S. 151 f.

19 Ebd., S. 153.

20 Gemeinsame Erklärung, Nr. 26.

21 Ebd., Nr. 8 bis 10.

22 Papst Franziskus, Videobotschaft vom 25.08.2023.

23 Vgl. Richard Herzinger, Deutliche Schlagseite, Perlentaucher.de, 01.09.2023, Online: https://www.perlentaucher.de/intervention/linkspopulismus-und-verklaerung-des-reichs-der-papst-vereint-die-beiden-prorussische-diskurse.html (Stand: 08.01.2024).

24 Franziskus im Interview mit dem Corriere della sera, 04.05.2022. Siehe dazu

auch »Worte eines weisen Staatschefs«, domradio.de, 14.06.2022. Online: https://www.domradio.de/artikel/papst-erlaeutert-umstrittenes-zitat-zu-nato-und-russland (Stand: 08.01.2024).

25 Hans-Joachim Sander, Die Ukraine ist im Krieg – und wo ist der Papst?, katho-lisch.de, 06.03.2022. Online: https://www.katholisch.de/artikel/33366-die-uk-raine-ist-im-krieg-und-wo-ist-der-papst (Stand: 08.01.2024).

26 Annalena Müller, Hubert Wolf: »Der Papst ist nicht irgendein Dorfpfarrer in den Schweizer Alpen«, kath.ch, 29.12.2023. Online: https://www.kath.ch/newsd/hubert-wolf-der-papst-ist-nicht-irgendein-dorfpfarrer-in-den-schweizer-alpen/ (Stand: 24.01.2024).

27 Ebd.

28 Ebd.

29 Ebd.

30 Marzano, Die unbewegliche Kirche, S. 167.

31 Klaus Mertes, Der andere Bergoglio, Herder Korrespondenz Spezial 1/2015, S. 12–15. Online: https://www.herder.de/hk/hefte/spezial/phaenomen-franzis-kus-das-papstamt-im-wandel/der-andere-bergoglio-papst-franziskus-und-die-befreiungstheologie (Stand: 08.01.2024).

32 Ebd.

33 Georg Dietlein, Teología del Pueblo: Schlüsselstein zum Denken von Papst Franziskus, Münchner Theologische Zeitschrift, Bd. 67 Nr. 1 2016, S. 54–56.

34 Ebd.

35 Ebd.

36 Marzano, Die unbewegliche Kirche, S. 173.

37 Franz-Xaver Hiestand im Interview mit Tages-Anzeiger, 15.03.2013. Liegt nur in Printversion vor.

38 Ebd.

39 Franz Jalics, Kein Freund der Junta. Stellungnahme von P. Franz Jalics SJ, dom-radio.de, 15.03.2013. Online: https://www.domradio.de/artikel/stellungnahme-von-p-franz-jalics-sj (Stand: 08.01.2024).

40 Ebd.

41 Pater Jalics entlastet Papst Franziskus, kath.net, 21.03.02015. Online: https://kath.net/news/40626 (Stand: 08.01.2024).

42 Paul Vallely, Papst Franziskus, S. 202–216.

43 Siehe Jenseits von Ideologie. Papstkenner Spadaro: Franziskus ist weder »rechts« noch »links«, domradio.de, 23.10 2017. Online: https://www.domradio.de/artikel/papstkenner-spadaro-franziskus-ist-weder-rechts-noch-links (Stand: 08.01.2024).

44 Ebd.

Kapitel 9:
Tauwetter mit dem Islam, Entfremdung von den Protestanten

Zwischen all den Luxuskarossen auf den Straßen von Bahrain fällt ein Fiat 500 auf. Darin sitzt Papst Franziskus, der sich zum Königspalast fahren lässt. Er wird dort mit allen Ehren vom selbst ernannten Herrscher Hamad bin Isa Al Chalifa empfangen, der das kleine muslimische Land mit eiserner Hand regiert. Er hat Franziskus zum Christlich-muslimischen Dialogforum eingeladen. Franziskus' Besuch in Bahrain vom November 2022 ist die bisher letzte Station im Tauwetter des von ihm forcierten Dialogs mit dem Islam. Mit dem sunnitischen Geistlichen Ahmed al-Tayyeb, Großscheich von al-Azhar, hat er eine Erklärung zur Geschwisterlichkeit aller Menschen veröffentlicht. Der Papst fraternisiert gern mit Staatsklerikern antiwestlich ausgerichteter Religionsgemeinschaften. 2016 feierte er in Havanna mit dem russisch-orthodoxen Patriarchen Kyrill das Ende einer jahrhundertealten Eiszeit. In Sachen Ökumene setzt er lieber auf den Dialog mit den »Schwesterkirchen« der Orthodoxie als mit den evangelischen Kirchen. Gegenüber den liberalen Protestanten zeigt er sich zwar freundlich offen, beharrt aber zwischenkirchlich auf dem Nein zum gemeinsamen Abendmahl.

König Hamad bin Isa Al Chalifa hatte Franziskus zum *Bahrain Forum for Dialogue* eingeladen. Ziel des Forums war es, Begegnungsraum zwischen Ost und West zu schaffen – im Hinblick auf ein besseres Zusammenleben. Traktandiert war ein Austausch mit dem »Ältestenrat der Muslime«, dem vor allem sunnitische Geistliche angehören und dem Franziskus' Freund, der Großimam der Kairoer al-Azhar-Universität, Ahmed al-Tayyeb, vorsteht. Im Vorhof der Moschee auf dem Gelände des Königsplastes in Awali kam es zur Premiere: Erstmals bei einem Treffen mit hohen Geistlichen des Islam und einem Papst wurden gemeinsam Texte aus Bibel und Koran rezitiert. Franziskus forderte, Islam und Christentum müssten gemeinsam daran arbeiten, Vorurteile aus der Vergangenheit zu überwinden. In einer globalisierten Welt reiche es nicht mehr aus, sich auf die eigene Religion zu beschränken. Während sonst im interreligiösen Dialog auf höchster Ebene das Trennende meist mit schönen Worten zugedeckt wird, sprachen es die beiden religiösen Oberhäupter offen aus.

Die weltweite Krise, sagte al-Tayyeb, sei dadurch verursacht, dass sich der Mensch von den religiösen und moralischen Vorgaben befreit habe. In seiner Ansprache redete er dem Westen ins Gewissen: Dieser dürfe seine Auffassung von Freiheiten und Menschenrechten nicht den östlichen Kulturen »aufzwingen«, andernfalls handle es sich um einen »neuen Kolonialismus«, der kein langes Leben habe.[1] Das sagte der Großscheich besonders mit Blick auf Entwicklungen von Gesellschaften, in denen es zu »Lockerheit und Abweichung von der Moral« komme. Konkret nannte er die »Verbreitung von Homosexualität« und Kampagnen für LGBTQ-Rechte. Im Westen gebe es heute »Abweichungen wie die Verbreitung von Homosexualität und drittem Geschlecht«, all dies »unter dem Vorwand von ›Freiheit‹ und ›Menschenrechten‹«.[2] Diese Freiheit im Namen der Aufklärung aber sei es, die Chaos, moralische Zerstörung und eine Zerstörung der inneren Struktur des Menschen hervorbringe, so al-Tayyeb.

Franziskus schienen die deutlich antiwestlichen Invektiven nicht zu stören. Er mahnte die muslimischen Gastgeber umgekehrt zur Einhaltung der Menschenrechte, forderte gerechte Arbeitsbedingungen, die gesellschaftliche Gleichberechtigung der Frau und sprach sich für echte Religionsfreiheit aus[3] und verurteilte die in Bahrain praktizierte Todesstrafe.[4] Vor und während des Besuchs im autoritär regierten Bahrain hatten Menschenrechtsaktivistinnen und -aktivisten den anhaltenden Einsatz von Folter im Land beklagt. Organisationen wie *Human Rights Watch* pochten darauf, dass der Papst bei seinem Besuch das sunnitische Königshaus zu einem Umdenken dränge, das immer wieder hart gegen die schiitische Bevölkerungsmehrheit vorgeht. Während des Arabischen Frühlings 2011 ließ der König die schiitische Opposition niederschlagen und erhielt dafür Unterstützung aus Abu Dhabi und Riad.

Franziskus' Besuch in Bahrain waren Reisen nach Ägypten, in die Vereinigten Arabischen Emirate oder in den Irak vorausgegangen. Überall beschwor er gegenüber hochrangigen muslimischen Geistlichen den Schutz der Christen und den Dialog zwischen den monotheistischen Religionen. Mit dem sunnitischen Großscheich der Kairoer al-Azhar Universität, Ahmad al-Tayyeb, verbindet ihn seit Jahren eine Freundschaft, die in der gemeinsamen Toleranz- und Dialogerklärung von 2019 gipfelte. Al-Tayyeb ist ein moderater Sunnit und dennoch ein Mann des Regimes, also ein Staatskleriker, von denen sich Franziskus sonst gerne abzugrenzen pflegt. 2010 von Mubarak auf Lebenszeit zum Großscheich von al-Azhar berufen, hat ihn Präsident Abdel Fattah al-Sisi bestätigt. Obwohl bisweilen anderer Meinung als der Präsident, gilt der Großimam als Stimme des Regimes (vgl. Kapitel 8).

Nicht zuletzt dank Franziskus und der von diesem mit der »Friedensmission« in der Ukraine betrauten Bewegung *Sant'Egidio* hat al-Tayyeb heute und speziell im Westen das Image eines Mannes des Friedens und des Dialogs. Als solcher präsentiert sich der Großscheich gerne an den jährlichen Friedenskonferenzen von *Sant'Egidio*, welche der von Johannes Paul II. 1986 in Assisi angestoßenen interreligiösen Bewegung verpflichtet sind. Papst Franziskus, der die offene Religionspolitik des Polen-Papstes wiederaufnahm, ist für al-Tayyeb ein Glücksfall. Denn Papst Benedikt hatte die sunnitische Führungsriege und überhaupt den Islam vor den Kopf gestoßen.

Zunächst mit seiner Regensburger Rede, wo er das Gewaltpotenzial des Islam geißelte, andererseits mit der als Kardinal Ratzinger 2000 verfassten Erklärung *Dominus Iesus*, in der er für die römische Kirche einen exklusiven Heilsanspruch monierte und den anderen Religionen einen eigenen Heilsweg absprach. Nach Benedikts Kritik an der eingeschränkten Religionsfreiheit in Ägypten legte al-Azhar 2011 den Dialog mit Rom auf Eis. Im gleichen Jahr klagte al-Tayyeb gegenüber dem Autor, nach dem weltläufigen Johannes Paul II. betreibe Benedikt eine provinzielle Theologie.

Mit dem sunnitischen Leader brüderlich verbunden

Mit dem offenen Franziskus indessen hat er am 4. Februar 2019 in Abu Dhabi die *Erklärung über die Brüderlichkeit aller Menschen für ein friedliches Zusammenleben in der Welt* unterzeichnet,[5] die seither als Meilenstein im Dialog zwischen Christen und Muslimen angepriesen wird.

Klar verurteilen sie darin jede politische Instrumentalisierung der Religion: »Ebenso erklären wir mit Festigkeit, dass die Religionen niemals zum Krieg aufwiegeln und keine Gefühle des Hasses, der Feindseligkeit, des Extremismus wecken und auch nicht zur Gewalt oder zum Blutvergießen auffordern.«[6] Eine klare Absage an den Terrorismus: »Deshalb bitten wir alle aufzuhören, die Religionen zu instrumentalisieren, um Hass, Gewalt, Extremismus und blinden Fanatismus zu entfachen. Wir bitten, es zu unterlassen, den Namen Gottes zu benutzen, um Mord, Exil, Terrorismus und Unterdrückung zu rechtfertigen. Wir bitten darum aufgrund unseres gemeinsamen Glaubens an Gott, der die Menschen nicht erschaffen hat, damit sie getötet werden oder sich gegenseitig bekämpfen, und auch nicht, damit sie in ihrem Leben und in ihrer Existenz gequält und gedemütigt werden. Denn Gott, der Allmächtige, hat es nicht nötig, von jemandem verteidigt zu werden; und er will auch nicht, dass sein Name benutzt wird, um die Menschen zu terrorisieren«.[7] Um dann die Dramatik noch zu steigern: »Die Geschichte macht deutlich, dass religiöser wie nationaler Extremismus und Intoleranz in der Welt, sowohl im Westen als auch im Osten, etwas hervorgerufen haben, was man als Anzeichen eines ›stückweisen Dritten Weltkriegs‹ bezeichnen könnte, Anzeichen, die in verschiedenen Teilen der Welt und unter verschiedenen tragischen Bedingungen bereits ihr grausames Gesicht gezeigt haben (…).«[8]

Nicht fehlen durfte ein Verweis auf die Familie als Nukleus der Gesellschaft: »Wie wichtig die Familie als grundlegender Kern der Gesellschaft und der Menschheit ist, um Kinder zur Welt zu bringen, aufzuziehen, heranzubilden und ihnen eine solide Moral und familiären Schutz zu bieten. Die Institution der Familie anzugreifen, sie zu verachten oder an der Bedeutung ihrer Rolle zu zweifeln, ist eines der gefährlichsten Übel unserer Zeit.«[9]

Gerade auf christlicher Seite blieb das Echo auf das Dokument überraschenderweise verhalten, wohl weil es viele wohlfeile Absichtsbekundungen enthält. Und doch hat die Erklärung von Abu Dhabi auf beiden Seiten Früchte getragen: Sie hat den Papst zur Sozialenzyklika *Fratelli tutti* inspiriert und die Idee für das *Abrahamic Family House* geliefert. Das im März 2023 eingeweihte interreligiöse Zentrum liegt in Abu Dhabis neuem Kulturviertel Sa'adiyat Island. Es umfasst eine Moschee, eine Synagoge und eine nach dem hl. Franziskus benannte Kirche sowie ein gemeinsam genutztes Bildungszentrum für Konferenzen und Veranstaltungen. Entworfen hat das *Haus der abrahamitischen Familie* der britische Architekt Sir David Adjaye mit westafrikanischen Wurzeln.

Es ist typisch für Papst Franziskus, dass er allen Religionsgemeinschaften seine Freundschaft anbietet und mit Wohlwollen auf sie zugeht. Das gilt speziell auch für die Juden: Mehrfach hat er Synagogen besucht und den von Benedikt wieder eingeführten Außerordentlichen Ritus mit der antijüdischen Karfreitagsfürbitte stark eingeschränkt. Insgesamt hat er ein wesentlich offeneres und unbelasteteres Verhältnis zu den Juden als der deutsche Papst. Wenigstens bis zum Blutbad der Hamas vom 7. Oktober letzten Jahres. Seither hat sich das Verhältnis merklich abgekühlt: Die israelische Regierung zeigte sich tief befremdet über die Stellungnahme des Papstes zum Massaker der Hamas an Israels Zivilbevölkerung: Diese sei vor allem von der Sorge um die Zivilbevölkerung in Gaza geprägt und lasse eine »klare und unzweideutige Verurteilung der mörderischen Terrorakte durch Hamas-Terroristen« vermissen.[10] Auch berichteten palästinensische Familien nach einem Gespräch mit dem Papst, er habe Israels Krieg im Gazastreifen als »Genozid« bezeichnet. Selbst der Rat der italienischen Rabbinerversammlung kritisierte danach Franziskus, er stelle unschuldige Geiseln, die ihrer Familien entrissen wurden, mit Menschen, die wegen schwerer Terrorakte inhaftiert sind, auf die gleiche Stufe. Wie schon gegenüber der Ukraine dürfte Franziskus' antiwestlicher Reflex ausschlaggebend gewesen sein, nicht dezidiert für die Juden und das Selbstverteidigungsrecht Israels Position zu beziehen – auch ganz unbekümmert um die christliche Schuldgeschichte gegenüber den Juden.

Freundschaftlich geht Franziskus auch auf die anderen christlichen Denominationen zu, selbst auf die Evangelikalen und Charismatiker, die den Katholiken in Südamerika das Wasser abgraben. Schwerpunkt seines zwischenkirchlichen Engagements ist aber klar der Dialog mit den Ostkirchen, die gemeinhin als Schwesterkirchen gelten. Höhepunkt war 2016 die gemeinsame Erklärung mit dem russisch-orthodoxen Patriarchen Kyrill (vgl. Kapitel 8).

Hier sei nochmals hervorgehoben, dass Franziskus zwischenkirchlich und interreligiös ausführliche gemeinsame Erklärungen mit Staatsklerikern von diktatorischen Staaten unterzeichnet, die weit über das Religiöse hinausgehen und sich gemeinsam auch zu ethischen sowie geopolitischen Fragen oder zu den weltweiten Krisen positionieren. So heißt es in der Erklärung von Abu Dhabi, man habe sich »über die Freuden, Leiden und Probleme der heutigen Welt im Hinblick auf den wissenschaftlichen und technischen Fortschritt« unterhalten, »über die Errungenschaften in der Medizin, das digitale Zeitalter, die Massenmedien und Kommunikationsmittel«, man habe sich weiter »über die Armut, die kriegerischen Auseinandersetzungen und das Leiden so vieler Brüder und Schwestern in verschiedenen Teilen der Welt« ausgetauscht, »hervorgerufen durch Wettrüsten, soziale Ungerechtigkeit, Korruption, Ungleichheit, moralischen Verfall, Terrorismus, Diskriminierung, Extremismus und viele weitere Ursachen.«[11]

Es ist schon befremdlich, dass der Papst es – anders als mit antiwestlichen Religionsgemeinschaften – nicht für nötig hält, auch mit den freien Geistlichen der liberalen Kirchen der Reformation einen Konsens in Grundsatzfragen und Krisen der Menschheit zu formulieren. Mit ersteren glaubt der Papst offenbar größere inhaltliche Schnittmengen etwa in Sachen autoritärer innerer Struktur, in Sachen Moral, aber auch in geopolitischer Hinsicht zu haben. Was hingegen die demokratischen, geschlechtergerechten und moralisch liberalen evangelischen Kirchen anbelangt, die zudem klar westlich positioniert sind, glaubt er sich mit einer schmalbrüstigen katholisch-lutherischen Erklärung (Lund 2016) begnügen zu können.

Die Ökumene mit den Protestanten lässt er stagnieren

Überhaupt hat man den Eindruck, dass Franziskus das reformatorische Christentum wenig interessiert. Bisher beehrte er die Länder der Reformation lediglich mit zwei Stippvisiten. Am 21. Juni 2018 reiste er für ein paar Stunden nach Genf, um an den Feiern zum 70. Gründungstag des Ökumenischen Rates der Kirchen teilzunehmen, und im Oktober 2016 am Vorabend der großen Reformationsfeierlichkeiten ins schwedische Lund. Diese Zurückhaltung gegenüber Protestanten hat sicher auch damit zu tun, dass das Erbe der Reformatoren vor allem in den reichen Ländern des Westens verbreitet ist, die ihn nicht interessieren. So hat er Deutschland, das Land, aus dem sein Vorgänger kam und das für den Vatikan auch finanziell wichtig ist, als Papst nie besucht.

Doch auch gegenüber den Protestanten startete Franziskus anfänglich eine Charmeoffensive, die zu großen Hoffnungen auf ein Ende der ökumenischen Eiszeit zu berechtigen schien. Auf dem Rückflug von Armenien bezeichnete er Luther als Reformer, der gegen die »Weltlichkeit, Anhänglichkeit ans Geld und an die Macht« protestierte.[12] Balsam für die Seele der ökumenischen Bewegung. Als er im Oktober 2016 nach Lund reiste, um mit den Lutheranern das 500-Jahr-Jubiläum der Reformation zu begehen, nahm er selbstverständlich an ökumenischen Gottesdiensten teil. Für ihn auch die Gelegenheit, »einen entscheidenden Moment unserer Geschichte wiedergutzumachen, indem wir Kontroversen und Missverständnisse überwinden, die oft verhindert haben, dass wir einander verstehen konnten.«[13] Ja, er bat die Lutheraner für die Irrtümer der Vergangenheit um Vergebung. Luther und die Reformation hätten dazu beigetragen »die Heilige Schrift mehr ins Zentrum des Lebens der Kirche zu stellen«.

In einer schmalen Erklärung mit dem Präsidenten des Lutherischen Weltbundes, Bischof Munib Younan, forderten beide, im ökumenischen Dialog »die verbleibenden Hindernisse zu beseitigen, die uns davon abhalten, die volle Einheit zu erlangen.«[14] »Viele Mitglieder unserer Gemeinschaften sehnen sich danach, die Eucharistie in einem Mahl zu empfangen als konkreten Ausdruck der vollen Einheit (…) Wir erkennen unsere gemeinsame pastorale Verantwortung, dem geistlichen Hunger und Durst unserer Menschen, eins zu sein in Christus, zu begegnen. Wir sehnen uns danach, dass diese Wunde im Leib Christi geheilt wird. Dies ist das Ziel unserer ökumenischen Bemühungen. Wir wünschen, dass sie voranschreitet, auch indem wir unseren Einsatz im theologischen Dialog erneuern.«[15]

Noch hoffnungsfroher hatte sein erster Besuch in einer evangelisch-lutherischen Kirche in Rom vom November 2015 gestimmt. Dort deutete er an, dass gemischt konfessionelle Eheleute – nach einer Gewissensprüfung – eventuell gemeinsam zur Kommunion gehen könnten.[16] Auf die Frage einer evangelischen Frau, wie lange es dauern werde, bis sie mit ihrem katholischen Ehemann gemeinsam zur Kommunion gehen könne, sagte Franziskus, dass es schwer sei, die Lehre zu verstehen. Aber das Ehepaar solle prüfen, wie das Abendmahl für sie persönlich eine Stärkung auf dem gemeinsamen Glaubensweg sein könne. Wörtlich sagte der Papst: »Es ist ein Problem, auf das jeder antworten muss. Das Leben ist größer als Erklärungen und Deutungen. Nehmt immer auf die Taufe Bezug: ›Ein Glaube, eine Taufe, ein Herr‹, sagt uns Paulus, und von daher zieht die Schlussfolgerungen. Ich werde nie wagen, Erlaubnis zu geben, dies zu tun, denn es ist nicht meine Kompetenz. Eine Taufe, ein Herr, ein Glaube. Sprecht mit dem Herrn und geht voran. Ich wage nicht mehr zu sagen.«[17]

Gemeinsames Abendmahl würde Dialog mit den Orthodoxen gefährden

Die ökumenische Bewegung spendete Beifall. Das zwischenkirchliche Eis schien gebrochen zu sein. Es war offenbar nur noch eine Frage der Zeit, bis die Eucharistische Gastfreundschaft, gar Interkommunion Realität würden. Doch weit gefehlt. Einmal mehr ließ es Franziskus bei schönen Worten bewenden und enttäuschte die von ihm geweckten Hoffnungen. 2017 im Vorfeld des großen Reformationsjubiläums hatten nämlich der Münchner Kardinal Marx als Vorsitzender der Bischofskonferenz und der Ratsvorsitzende der evangelischen Kirche, Heinrich Bedford-Strohm, in einer Handreichung eine fallweise Zulassung evangelischer Partner zur Kommunion vereinbart. Woraufhin sich sieben deutsche Bischöfe mit einem Einspruch gegen die Handreichung an Rom wandten. Zur großen Überraschung stellte sich Papst Franziskus in diesem Kommunion-Streit gegen die große Mehrheit der deutschen Bischöfe und gab den sieben konservativen Bischöfen recht. Für den Konferenzvorsitzenden Marx eine herbe Niederlage.

In dem von Luis Ladaria, dem damaligen Präfekten der Glaubenskongregation, am 25. Mai 2018 unterzeichneten Brief heißt es, Franziskus sei »zur Auffassung gekommen«, dass die Handreichung zum Kommunionempfang von nicht-katholischen Ehepartnern »nicht zur Veröffentlichung reif« sei.[18] Die Zulassung zur Kommunion sei ein Thema, »das den Glauben der Kirche berührt und von weltkirchlicher Relevanz ist«, heißt es weiter. Genauso hatten die Kritiker der Handreichung um den konservativen Kölner Kardinal Rainer Maria Woelki argumentiert. Weiter heißt es im Brief, die Entscheidung, wann eine Kommunion möglich ist, sei Sache des Ortsbischofs – und damit nicht der Bischofskonferenz. Die zuständigen Dezernate in der römischen Kurie seien beauftragt, eine baldige Klärung dieser Fragen auf weltkirchlicher Ebene herbeizuführen. Kardinal Marx zeigte sich in einer Stellungnahme »überrascht, dass noch vor dem Finden einer einmütigen Regelung jetzt dieses Schreiben aus Rom eingegangen ist«. Er sehe nun »weiteren Gesprächsbedarf« in der Bischofskonferenz, mit den zuständigen Kirchenbehörden in Rom »und dem Heiligen Vater selbst«.[19] Es blieb bei Vertröstungen.

Denn die deutschen Bischöfe liefen in der gleichen Sache ein weiteres Mal in Rom auf. Am Ökumenischen Kirchentag vom Mai 2021 in Frankfurt wollten sie zur Tat schreiten: Katholiken und Protestanten sollten wechselseitig an der Feier des Abendmahls und der Eucharistie teilnehmen dürfen. Eine gemeinsame Stellungnahme evangelischer und katholischer Theologen (ÖAK) unter dem Titel *Gemeinsam am Tisch des Herrn* hatte sich schon im vorausgehenden September nuanciert für die eucharistische Gastfreundschaft ausgesprochen.[20]

Als sei das Abendmahlsverbot gottgewollt, warnte die Glaubenskongregation, ihr Präfekt Ladaria, abermals in einem Brief vom 18. September 2020 die Bischöfe: Das evangelische Abendmahl und die katholische Eucharistie seien nicht etwa zwei Formen desselben Geschehens, sondern nach wie vor kirchentrennende Faktoren. Die Öffnung hin zur eucharistischen Mahlgemeinschaft mit der evangelischen Kirche in Deutschland würde »notwendigerweise neue Gräben im ökumenischen Dialog mit den orthodoxen Kirchen, nicht nur in Deutschland aufwerfen«.[21]

Der päpstliche Ökumeneminister Kurt Koch legte in einem Interview mit der *Herder Korrespondenz* nach.[22] Die Lehrunterschiede seien noch immer so gewichtig, dass sie eine wechselseitige Teilnahme an der Eucharistie oder am Abendmahl ausschlössen. Er warnte: »Nach dieser Wortmeldung aus Rom können die Bischöfe nicht einfach zur Tagesordnung übergehen.«[23] Deren Alleingänge bereiteten Papst Franziskus große Sorgen. Der Ökumenische Arbeitskreis vertrete »die These, dass es sich dabei um keine kirchentrennenden Differenzen mehr handelt«, so Koch. »Es wird davon ausgegangen, dass das evangelische Abendmahl und die katholische Eucharistie im Grunde zwei verschiedene Formen des einen Geschehens sind.« Dagegen habe die Glaubenskongregation nun »deutlich darauf hingewiesen, dass gravierende Differenzen bestehen und dass deshalb die im ÖAK-Dokument gezogenen Konsequenzen in der heutigen ökumenischen Situation nicht zu verantworten sind«.[24] Bätzing indessen erklärte, er sehe keinen Grund, seine Meinung zu revidieren.

Er sei in die Prüfung der Glaubenskongregation einbezogen gewesen, erklärte Kardinal Koch weiter. In Sachen Ökumene, ob mit den Evangelischen oder mit den Orthodoxen, ist er eine Schlüsselfigur. Der früher liberale Schweizer Kirchenmann hatte einst als Professor in Luzern das Papsttum als »größtes Hindernis auf dem Weg zu Ökumene« bezeichnet – seit er zur römischen Kurie gehört, sieht er es umgekehrt als Garant dafür. Längst hat er den Namen eines obersten Bedenkenträgers im Vatikan. Auch beim Ad-Limina-Besuch der deutschen Bischöfe vom November 2022 in Rom machte Koch ihnen nochmals klar, dass ein gemeinsames Abendmahl nicht möglich sei. Bei anderer Gelegenheit Ende Juni 2023 im Gespräch vor österreichischen Medienvertretern sagte Koch, Papst Franziskus lege im Bemühen um die Einheit der Christen den Akzent mehr auf die praktische Ökumene.

Der Dialog mit den Protestanten ist ein weiteres Lehrstück von Papst Franziskus: In der Begegnung mit einzelnen Menschen gibt er sich offen, stellt die Praxis über das Lehramt. Wenn aber die Lehre herausgefordert ist, verlässt ihn der Mut und er mag nicht mal argumentieren. Oft hütet er sich, reformfeindliche Briefe und Dokumente zu unterzeichnen, überlässt das lieber den entsprechenden Vatikan-Behörden. Und dennoch können diese nur mit dem Segen des Papstes agieren. Bei flüchtiger Betrachtung von außen entsteht die Vermutung, die Kurienbehörden handelten eigenständig und ignorierten den Reformwillen des Papstes. Franziskus will den Ruf eines Reformers nicht preisgeben. Selbst wenn er die christliche Ökumene stagnieren lässt.

Anmerkungen

1 Islamische Autoritäten: Herausforderungen gemeinsam angehen, Vatican News, 04.11.2022. Online: https://www.vaticannews.va/de/welt/news/2022-11/papst-franziskus-reise-bahrain-islamvertreter-klimakrise-dialog.html (Stand: 08.01.2024).

2 Ebd.

3 Vgl. Stefanie Stahlhofen, Papst in Bahrain: Religionen als »Friedensgewissen« der Welt, Vatican News, 04.11.2022. Online: https://www.vaticannews.va/de/papst/news/2022-11/papst-franziskus-reise-bahrain-rede-religionen-dialog-frieden.html (Stand: 08.01.2024).

4 Vgl. Papst in Bahrain: »Bin hier als Sämann des Friedens«, Vatican News, 03.11 2022. Online: https://www.vaticannews.va/de/papst/news/2022-11/papst-franziskus-bahrain-frieden-vielfalt-religionsfreiheit.html (Stand: 08.01.2024).

5 Papst Franziskus und Großimam von Al-Azhar, Ahmad al-Tayyeb, Dokument über die Brüderlichkeit aller Menschen für ein friedliches Zusammenleben in der Welt, 04.02.2019. Online: https://www.vatican.va/content/francesco/de/travels/2019/outside/documents/papa-francesco_20190204_documento-fratellanza-umana.html (Stand: 08.01.2024).

6 Ebd.

7 Ebd.

8 Ebd.

9 Ebd.

10 »Fehl am Platz«, domradio.de, 16.10.2023. Online: https://www.domradio.de/artikel/israel-kritisiert-vatikan-stellungnahme-nach-hamas-angriff (Stand: 08.01.2024).

11 Papst Franziskus und Großimam von Al-Azhar, Ahmad al-Tayyeb, Dokument über die Brüderlichkeit.

12 Franziskus in der Pressekonferenz auf dem Rückflug von Armenien, 26.06.2016. Online: https://www.vatican.va/content/francesco/de/speeches/2016/june/documents/papa-francesco_20160626_armenia-conferenza-stampa.html (Stand: 08.01.2024).

13 Gemeinsames ökumenisches Gebet in der lutheranischen Kathedrale von Lund, 31.10.2016. Online: https://www.vatican.va/content/francesco/de/homilies/2016/documents/papa-francesco_20161031_omelia-svezia-lund.html (Stand: 08.01.2024).

14 Gemeinsame Erklärung anlässlich des gemeinsamen katholisch-lutherischen Reformationsgedenkens, 31.10.2016. Online:https://www.vatican.va/content/francesco/de/events/event.dir.html/content/vaticanevents/de/2016/10/31/dichiarazione-congiunta.html (Stand: 08.01.2024).

15 Ebd.

16 Vgl. Papst Franziskus, Ansprache bei dem Besuch der evangelisch-lutherischen Kirche in Rom, 15.11.2015. Online: https://www.vatican.va/content/francesco/de/speeches/2015/november/documents/papa-francesco_20151115_chiesa-evangelica-luterana.html (Stand: 08.01.2024).

17 Ebd.

18 Kommunionstreit: Kardinal Marx ist überrascht, Vatican News, 05.06.2018. Online: https://www.vaticannews.va/de/kirche/news/2018-06/kommunionstreit-kardinal-marx-ueberrascht-oekumene-einmuetig.html (Stand: 08.01.2024).

19 Marx: »Überrascht« von Brief zur Eucharistie-Handreichung, katholisch.de, 04.06.2028. Online: https://www.katholisch.de/artikel/17785-marx-ueberrascht-von-brief-zur-eucharistie-handreichung (Stand: 08.01.2024).

20 Vgl. Volker Leppin und Dorothea Sattler (Hrsg.), Gemeinsam am Tisch des Herrn. Ein Votum des Ökumenischen Arbeitskreises evangelischer und katholischer Theologen, Freiburg im Breisgau: Herder 2020.

21 Kardinal Luis Ladaria, 18.09.2020. Online: https://www.dbk.de/fileadmin/redaktion/diverse_downloads/dossiers_2020/2020-09-18_Kard.-Ladaria_Lettera-Vorsitzender-DBK.PDF (Stand: 08.01.2024).

22 Lucas Wiegelmann im Interview mit Kardinal Kurt Koch, »Nach diesem Spruch aus Rom können Deutschlands Bischöfe nicht zur Tagesordnung übergehen«, Herder Korrespondenz, 22.09.2020. Online: https://www.herder.de/hk/schwerpunkte/oekumene/kardinal-kurt-koch-zur-entscheidung-der-glaubenskongregation-nach-diesem-spruch-aus-rom-koennen-deutschlands-bischoefe-nicht-zur-tagesordnung-uebergehen/ (Stand: 08.01.2024).

23 Ebd.

24 Ebd.

Kapitel 10:
Das falsche Franziskus-Bild.
Warum der Papst kein Reformer ist

Franziskus hat Stil und Klima der Kirche verändert, nicht aber deren Lehre und Strukturen. Er versteht sich als Seelsorger, der mit barmherzigen Gesten und Worten Reformen ankündigt. In seinen Lehrschreiben aber belässt er alles beim Alten. Um sein Image als Reformer zu retten, hat sich das Narrativ des von der Kurie gebremsten Reformers durchgesetzt. Es hilft, Einheit und Betrieb der Kirche aufrecht zu erhalten. Den Gläubigen und dem kirchlichen Personal gibt es eine Perspektive und dem Papst das Alibi, von Reformen zu sprechen, ohne sie umsetzen zu müssen. Er begnügt sich mit Retuschen und Kosmetik. Die große Öffentlichkeit nimmt nicht wahr, dass er mit zwei Zungen spricht: Als barmherziger Reformer und Seelsorger in Interviews, als Hüter der Lehre in lehramtlichen Schreiben. Die zentnerschwere Tradition und Lehre ist es, die den mehr praxisorientierten und wenig intellektuellen Papst an Reformen hindert, nicht die halsstarrige Kurie. In unserer auf das Bild fokussierten Gesellschaft hat dieser Papst der Bilder leichtes Spiel, mit Gesten und Zeichen ein einseitiges und letztlich falsches Bild von sich zu vermitteln. Die Enttäuschungen sind vorprogrammiert.

Nach Benedikt XVI. schien Franziskus genau der richtige Papst zu sein. Sein persönliches Charisma und seine Botschaft einer »armen Kirche für die Armen«, beglaubigt von seinem einfachen Lebensstil, war von Anfang an der Grund für seine riesige Popularität. Was für ein Kontrast zu seinem Vorgänger Benedikt XVI., dem europäisch denkenden Intellektuellen und platonisch inspirierten Ästheten auf dem Papstthron. Mit »pompöser Demut« (Thomas Mann) und hochfahrender Ästhetik wollte er die Herrlichkeit Christi repräsentieren. Zum Osterfest erschien er ganz in das Gold der Auferstehung gehüllt. Als Abglanz der göttlichen Schönheit war für Joseph Ratzinger die göttliche Liturgie Dreh- und Angelpunkt des kirchlichen Lebens. Mit der Wiedereinführung der alten Messe machte er die von den traditionalistischen Pius-Brüdern kultivierte Freude an der klerikalen Haute-Couture in Form von kostbaren Gewändern aus Damast und Brokat salonfähig.

Ganz im Gegensatz dazu Franziskus, der meist in schlichtes Weiß gekleidet ist, ein einfaches Holzkreuz und ausgelatschte Schuhe trägt, um einer »verbeulten Kirche« sein Gesicht zu leihen. Die Liturgie hält er schnörkellos, einfach und kurz, seine Predigt ist volkstümlich, gespickt mit Verweisen auf Maria und den Teufel. In Kontrast zu Benedikt, der dem Christus des Glaubens huldigte, will Franziskus den historischen Jesus verkörpern, der sich, selber arm, den Armen und Ausgeschlossenen, dem Mühseligen und Beladenen zuwandte. Der historische Jesus, im Gegensatz zum dogmatisch überformten Christus der Auferstehung, war immer ein großes Anliegen der Befreiungstheologie, überhaupt jeder Reformtheologie, die gegen alle Dogmatisierung den in den Evangelien lebendigen Wanderprediger von Nazareth und sein irdisches Wirken in den Mittelpunkt stellt. Darum hat sich Franziskus diesen einfachen Stil, eine abgespeckte Liturgie und Ästhetik zu eigen gemacht. Er selber verkörpert in dieser Einfachheit den Imagewandel der Kirche und des Papsttums, auch das Volkstümliche im Unterschied zur Intellektualität.

Die Konstante: Widersprüchlich, doppeldeutig

Der Papst vom anderen Ende der Welt ist ein Papst zum Anfassen und trotzdem unfassbar – schwer einzuordnen, weil sprunghaft und

widersprüchlich. Wenn es eine Konstante gibt in diesem Pontifikat, dann ist es das Doppeldeutige, das Doppelzüngige, das Wider-
sprüchliche. Das fing schon mit seiner Wahl zum Papst an, die er
gar nicht hätte annehmen dürfen. Gemäß dem Jesuiten Franz-Xaver
Hiestand sind Jesuiten hohe Ämter verwehrt: »Es gehört zum ureige-
nen Charisma der Jesuiten, dass wir keine Posten in der Hierarchie
anstreben oder übernehmen sollen. Das ist nur im äußersten Notfall
vorgesehen. Wir haben sogar die Pflicht, jeden Mit-Jesuiten zu de-
nunzieren, der ein hierarchisches Amt anstrebt. Denn als Ordensleute stehen wir in der Tradition der Propheten und nicht der Hirten.«[1]
Doch darüber gab es öffentlich so gut wie keine Diskussion.

Von Anfang an hatte Franziskus gegen die Überhöhung des Papsttums angeredet. Indem er nur Bischof von Rom sein will und nicht
weltweiter Pontifex, deutet er an, dass er weg will vom übersteu-
erten Zentralismus, weg vom autoritären Klerikalismus hin zu den
Ortskirchen und zu glaubwürdiger Seelsorge. Und doch hat Franziskus das monarchische Prinzip mit der Kurienreform unangetastet
gelassen und sein Programm aktiv konterkariert. Er sakralisiert das
Papsttum, indem er gleich drei seiner Vorgänger – Johannes XXIII.,
Paul VI. und Johannes Paul II. – heiliggesprochen hat und so dem
nachkonziliaren Papsttum die historisch größte Dichte von Heiligen
Vätern bescherte. Kein anderer Papst hat so viele seiner Vorgänger
zur Ehre der Altäre erhoben wie er. Zu glauben, er wolle damit der
Zentralgewalt und Unfehlbarkeit der Päpste huldigen, würde ihm
wohl nicht gerecht. Zumindest aber ist es der fragwürdige Versuch,
mit heiligen Vätern an der Hierarchiespitze die seit der Pillen-Enzy-
klika Pauls VI. und dem Missbrauchsskandal schwindende Autorität der Kirche wiederherzustellen. Das frappiert umso mehr, als die
Heiligsprechung von Päpsten sonst ein äußerst seltenes Vorkommnis
ist. Die frühe Kirche machte bis zum 6. Jahrhundert die als Märty-
rer verstorbenen Päpste zu Heiligen. In den letzten 900 Jahren vor

Franziskus haben es dann nur noch drei Päpste in den Kanon der Heiligen geschafft, Männer wie Pius V. (1566–1572), Großinquisitor und Verfolger von Ketzern, Juden und Protestanten.

Der markanteste und folgenreichste Widerspruch, der sich durch das gesamte Pontifikat von Franziskus zieht, ist jener zwischen Pastoral und Lehre: Er kündet Reformschritte an, die er dann wieder zurücknimmt oder durch gegenteilige Handlungen neutralisiert. Die von ihm angestoßene Debatte und synodale Abstimmung um verheiratete Priester (*Viri probati*), die er dann wieder zurückgenommen hat, ist nur ein prägnantes Beispiel dafür. Auch bei vielen anderen wieder abgeblasenen Reformankündigungen (Frauenämter, ökumenisches Abendmahl, Aufwertung homosexueller Beziehungen) lässt er Enttäuschte scharenweise zurück.

Das rettende Narrativ

Trotzdem lässt man sich den Reformer Franziskus nicht madig machen. Schnell war an der Basis eine entlastende Interpretation zur Hand: das Narrativ des gescheiterten Reformers. Die von Marco Politi geprägte Lesart von dem an der Kurie gescheiterten Reformer hält sich hartnäckig, und Politi hält hartnäckig an ihr fest. Je weniger Franziskus seine versprochenen oder angedeuteten Reformen umsetzt, umso aggressiver lässt Politi dessen Gegner auftreten. »An der Kurie tobt ein Bürgerkrieg«, wiederholt er heute mantraartig.[2] Im angelsächsischen Raum bedient Austen Ivereigh, wenn auch differenzierter, das gleiche Narrativ: 2014 legte er seine Bergoglio-Biografie *Der große Reformer*[3] vor, sechs Jahre später dann das Korrektiv in Form eines zweiten Buches *Der verwundete Hirte*.[4] Es gibt die Schuld an den uneingelösten Reformen dem Hofstaat um den emeritierten Papst Benedikt mit Kardinal Müller als Kopf der Rebellen.

Franziskus hat sein persönlichstes Buch *Wage zu träumen*[5] im Dialog mit Ivereigh, dem Biografen seines Vertrauens, geschrieben. Klares Indiz dafür, dass er mit dem ihn entlastenden Narrativ einverstanden ist. Ja, er kann gut leben mit dieser Lesart, weil sie ihm das Alibi gibt, von Reformen zu sprechen, ohne sie umzusetzen. Mit dieser Mogelpackung hält er die Reformkatholiken bei Laune und poliert sein eigenes Image als offener Papst, der schon würde, wenn er könnte. Als Papst könnte er tatsächlich, wenn er wollte – aber er will nicht. Das Narrativ erlaubt ihm auch, die reformwillige Basis einzubinden – und womöglich ein Schisma, eine Spaltung zu verhindern und die Kirche in ihrer Einheit zusammenzuhalten. Er ist also keineswegs unschuldig an den riesigen Erwartungen ihm gegenüber. Dass er als erster Papst mit seinem Vorgänger zehn Jahre lang in Gehdistanz leben musste, wird ihm ebenfalls als Entschuldigung für nicht eingelöste Reformen angerechnet: Er könne nicht wie er wolle, weil der Schattenpapst, anders als ursprünglich versprochen, doch mit- und dreinredete.

Politi und die anderen Macher des Images vom bekämpften Reformer sind sich kaum bewusst, dass sie mit ihrem Narrativ einem gängigen Mythos aufsitzen. Dem russischen Mythos von Väterchen Zar, der seinem Volk liebevoll verbunden sein will und für alle Missstände seinen Hofstaat verantwortlich macht. Franziskus selber bekräftigte diesen Mythos in seiner ersten Weihnachtsansprache: Unvergessen, wie er den Kurialen die Leviten las und sie des »Klerikalismus«, des »geistlichen Alzheimer« oder des »Narzissmus« bezichtigte.[6] So stilisiert er sich als guter Hirte, der es mit einem korrupten Hofstaat zu tun hat.

Freilich will auch die Basis der Gläubigen und das Gros der kirchlichen Angestellten am Bild des Reformpapstes festhalten. Das gibt ihrer Einbettung in der Kirche oder ihrer pastoralen Arbeit eine Perspektive. Darum ist für sie das Narrativ des an der Kurie gescheiterten Reformpapstes die am meisten genehme Deutung. Die Basis will schlicht nicht wahrhaben, dass sie ihre Reformforderungen wie den Stein des Sisyphos vor sich herschiebt, ohne je ans Ziel zu gelangen. Es zeigt aber auch, wie sehr Kirche und Gesellschaft eine glaubwürdige Vater- und Leaderfigur wünschen und brauchen. In gewissem Sinne ist das Franziskus ja auch. Vertritt er nicht glaubwürdig das Evangelium und die Option für die Armen? Das ist gerade der Grund, warum Reformkatholiken nicht in Scharen zu den Alt- oder Christkatholiken abwandern, wo die zentralen Reformforderungen realisiert sind. Die Attraktivität einer Universal- und Großkirche mit überall gleicher identifizierbarer Struktur und Liturgie unter den Fittichen eines strahlenden Monarchen ist eben ungebrochen attraktiv. Dieses archetypische Konzept gibt man nicht preis.

Interessanterweise kultivieren Franziskus' Gegner das gleiche Narrativ: Seine Gesten und Ankündigungen interpretieren sie als Willen zur Reform und malen präventiv immer wieder den Teufel an die Wand. Vor den Familiensynoden lamentierten sie, Franziskus wolle das Verbot der Homosexualität aufweichen, vor der Amazonassynode, er wolle auf dem Umweg über Amazonien der westlichen Forderung nach Abschaffung des Pflichtzölibats nachkommen und mit der Synode zur Synodalität eine demokratisch verfasste Kirche errichten. Doch jedes Mal lösen sich die Befürchtungen weitgehend in Luft auf.

Gegner und Reformer schaukeln sich gegenseitig hoch. Nach dem Tod des emeritierten Papstes Benedikt erhielt das Narrativ abermals Auftrieb: Der Hinschied der konservativen Galionsfigur mache Franziskus freier, hieß es hüben wie drüben, Reformen umzusetzen, allerdings sei er nun auch gesteigertem Widerstand ausgesetzt. Die Entlassung von Erzbischof Georg Gänswein oder die Ernennung des liberalen Glaubenspräfekten Víctor Fernández wird von Anhängern wie Gegnern als Zeichen des wiedererstarkenden Reformwillens nach dem Ableben des Vorgängers gewertet. Die Synode über die Synodalität hält Marco Politi für ein »Mini-Konzil«, das Gläubige und Kleriker noch stärker spalten werde.[7] Da hilft es wenig, wenn Franziskus immer wieder beteuert, die Synode sei ein geistliches Ereignis und kein Parlament, das strukturelle Fragen verhandle.

Das Narrativ hat längst auch Eingang in die Kunst gefunden. Wim Wenders präsentierte 2018 seinen Film: *Franziskus, ein Mann seines Wortes* in Cannes, eine mit einer fulminanten Bilderflut belegte Hommage an den Papst, der alles neu machen will. Auch der Schriftsteller und Drehbuchautor Anthony McCarten teilt das überhöhte Franziskus-Bild vieler anderer, die den Papst wegen seiner Zuwendung zu den Armen auch für einen absolut glaubwürdigen Kirchenreformer halten. Wollte sein Buch *Die zwei Päpste* noch eine tatsachengestützte Doppelbiografie[8] sein, geht sein daraus hervorgegangener gleichnamiger Film stark ins Fiktionale: In *The Two Popes* mit Jonathan Price und Anthony Hopkins lässt er Bergoglio und Ratzinger aufeinandertreffen. McCartens Sympathie liegt klar bei Franziskus, dessen Profil als Reformer er im Gegenüber zum Bewahrer Benedikt umso schärfer konturiert.

Mal Seelsorger, mal Glaubenswächter – Franziskus spricht mit zwei Zungen

Franziskus' Glück ist es, dass der Mann der Straße seine mündlich spontanen Aussagen nicht von den lehramtlichen Verlautbarungen unterscheidet: Papst ist Papst, ob er sich nun im Flugzeug äußert oder in einem Apostolischen Schreiben. Darum äußert er sich statt in Lehrschreiben lieber unverbindlich an spontanen Pressekonferenzen im Flugzeug. Er, der in Argentinien Distanz hielt zu den Journalisten, entdeckte als Papst das Interview als bevorzugtes Medium, sich mitzuteilen. Er weiß, dass die Öffentlichkeit meint, jede Aussage eines Papstes sei in Stein gemeißelt, unfehlbar. Was ihr kaum bewusst ist: Im Unterschied zu lehramtlichen Äußerungen haben Interviews weder lehramtlich-verbindlichen noch unfehlbaren Anspruch. Doch anders als diese werden ihn die über den Wolken mündlich artikulierten Aussagen nicht überdauern und seine Nachfolger in keiner Weise binden. Was ihn überdauert, ist die Lehre, die er nicht verändert hat. So wird sein Pontifikat der klimatischen Erwärmung Episode bleiben und womöglich ein Zurück zur dogmatischen Eindeutigkeit unter seinem Nachfolger beflügeln.

Man muss eben auch Franziskus' lehramtliche Texte lesen. Diese sind ganz auf der Linie seiner Vorgänger und mit gleicher Härte formuliert. Beispiel Frauenfrage. Frauen können von ihrer anthropologischen Rolle als Verkörperung des marianischen Prinzips, also von ihrer Natur her nicht Priesterinnen werden. Es ist nicht in erster Linie die Kirche oder der Papst, der das verbietet, sondern Gott und das Naturrecht. Wie Johannes Paul II. schrieb und Franziskus bestätigte, hat die Kirche gar nicht die Vollmacht, das zu ändern. Und obwohl Frauen trotz gleicher Würde nicht die gleichen Rechte haben, ist das gerade keine Diskriminierung, sondern liegt im Wesen der Frau selber begründet. So wird sie nicht durch die Weihe funktionalisiert oder klerikalisiert.

Natürlich lebt Franziskus einen neuen Stil, natürlich erlaubt er bisher nicht mögliche Debatten jenseits der Orthodoxie, ohne Denkverbote oder Verurteilungen auszusprechen. Auch hier im Kontrast zu seinem Vorgänger, der vor allem als Präfekt der Glaubenskongregation reihenweise Theologen abstrafte und disziplinierte, greift Franziskus nicht durch, lässt nicht nur Meinungen gelten, fordert geradezu zu kontroversen Debatten auf. »Macht Wirbel«, »Hagan lío«, rief er schon am Weltjugendtag in Rio. Doch lassen seine barmherzigen Gesten oder spontanen Pressekonferenzen und

Interviews alles im Unverbindlichen. Was kostet es ihn, in einem Film mit jungen Paaren Sex als »etwas vom Schönsten, was Gott dem Menschen gegeben hat« zu preisen? Deswegen ändert sich kein Jota an der päpstlichen Sexualmoral.

Passend zu seiner Widersprüchlichkeit erweist sich Franziskus als Meister des Ungefähren. Er kultiviert die Unschärfe des Ausdrucks, seine Uneindeutigkeit hat Methode. Für den Philosophen Robert Spaemann ist Franziskus »kein Freund der Eindeutigkeit«. Seine Aussagen fielen so mehrdeutig aus, »dass jeder sie zugunsten der eigenen Meinung interpretieren kann und interpretiert«.[9] Nicht nur Denker von rechts wie Spaemann kritisieren den Pontifex, auch Medienleute: »Der Papst grüßt in alle Richtungen«, bemängelte Christian Geyer in der *FAZ*. Er nannte Franziskus bereits zuvor den »Meister der flexiblen Metapher«.[10] Und Alexander Kissler schrieb im *Cicero*, dass Franziskus mit seinem »redseligen Relativismus« der Kirche mehr schade als er ihr nütze.[11]

Widerstand, aber kein Bürgerkrieg

Das Narrativ vom Reformer, der am massiven Widerstand der Kurie scheitert, ist noch in weiterer Hinsicht falsch. Den Widerstand der Kurie, den Marco Politi gar zum Bürgerkrieg überhöht, gibt es in dieser Stärke nicht. Eine Handvoll (entmachteter) Kardinäle bildet den Kern des Widerstands. Sie warfen ihm nach dem Lehrschreiben *Amoris laetitia* vor, ein Häretiker zu sein. Bis heute hat Franziskus gerade im amerikanischen Episkopat zahlreiche traditionalistische Opponenten, die ihn immer wieder scharf kritisieren. Und nach der Erklärung zum möglichen Segen für Personen in irregulären Beziehungen haben sich die afrikanischen Bischofskonferenzen mehrheitlich gegen das Dokument aufgelehnt.

Doch insgesamt blies Johannes Paul II. und Benedikt XVI. ein viel schärferer Wind ins Gesicht, innerhalb der Kurie etwa im Vatileakskandal, vor allem von außerhalb des Vatikans. Reformgruppen und aufmüpfige Theologen lieferten den beiden Päpsten einen permanenten Kampf um die Deutungshoheit des Konzils.

Manche Bergoglianer monieren, Reformen könnten eben nicht von einem Tag auf den anderen um- und durchgesetzt werden, sondern nur in einem längeren Prozess der kleinen Schritte. So rechtfertigen sie etwa Franziskus' kosmetische Retuschen: Wenn er 54 Frauen an der Synode vom Herbst 2023 erstmals Stimmrecht (was nicht Entscheidungsrecht heißt) gibt, nennt das die längst zahm gewordene Reforminitiative *Wir sind Kirche* einen Systemwechsel. Obwohl daraus in keiner Weise die Weihe der Frau folgt, die diese auch an der Leitungs- und Definitionsgewalt partizipieren ließe. Diesen qualitativen Sprung wird es nicht geben. Kardinal Kasper seinerseits lügt sich in die Tasche, wenn er sagt, es brauche wahrscheinlich drei Päpste wie Franziskus, um einer richtigen Reform zum Durchbruch zu verhelfen.[12] Da macht er sich und uns etwas vor. Er weiß genau, dass kirchliche Prozesse oder Ämterfolgen in der Regel nicht linear verlaufen, sondern dialektisch: Auf Franziskus kann durchaus wieder ein Papst auf der Linie von Johannes Paul II. oder Benedikt XVI. folgen, und nicht ein Johannes XXIV., wie sich Franziskus das wünscht.

Natürlich hat er Reförmchen angeschoben und Retuschen vorgenommen. Doch lähmt ihn die Angst, die Identität des Glaubensguts anzutasten. Der Druck der jahrhundertealten Tradition, der Institution und der unfehlbaren Lehre ist schlicht zu groß. Nicht die verstockte Kurie hindert Franziskus an Reformen, sondern die zentnerschwere Last der Lehre und der Tradition. Dies umso mehr, als er selber schlicht zu wenig Theologe und Intellektueller ist, um Tradition und Moderne argumentativ gegeneinander abwägen zu können. Er sagt mal dies, mal das, argumentiert aus dem Bauch heraus und hält das Bauchgefühl für die Einflüsterung durch den Heiligen Geist (Kardinal Gerhard Müller).[13] 1986 zur Promotion an die Jesuiten-Hochschule in Frankfurt geschickt, fühlte sich Bergoglio dort »völlig fehl am Platz, wie ein Fisch ohne Wasser«[14] und brach seine Promotion unvermittelt ab. Franziskus ist kein Theologen-Papst wie sein Vorgänger Ratzinger, sondern Seelsorger.

Ihm fehlt das intellektuelle Profil eines Reformers

Diesem Seelsorger mit großem Respekt zwar für Theologen-Bischöfe wie Kardinal Kasper fehlt das notwendige intellektuelle Profil eines Reformers. Lieber als über theologische Themen schreibt er Enzykliken über Ökologie (*Laudato si*) und Solidarität (*Fratelli tutti*). Damit tastet er die Alleinstellungsmerkmale der Kirche nicht an, bedient vielmehr den Zeitgeist, den er mit dem gesellschaftlichen Mainstream teilt. Mögen seine Lehrschreiben noch so wahr und hilfreich sein, sie stehen auch in der Tradition so vieler Vorgängerpäpste, die die Soziallehre der Kirche in den öffentlichen Fokus gerückt haben.

Franziskus wird es sehr geschmerzt haben, dass er mit der berühmten Anmerkung in *Amoris laetitia* theologisch einen Schuh voll rausgezogen hat. Die Fußnote mit der Andeutung des möglichen Gewissensentscheids bei der Zulassung Wiederverheirateter zur Kommunion hat ihm den Vorwurf eingetragen, ein Häretiker zu sein: Er trete die Lehre der Kirche von der Unauflöslichkeit der Ehe mit Füßen. Seither hat er sich nur noch einmal, nämlich mit der Erklärung zum Segen für Personen in irregulären Beziehungen, aufs theologische Glatteis begeben. Lieber stellt er als Seelsorger die Praxis über die Theorie. Entscheidend ist für ihn die konkrete Situation, das Prinzip aber lässt er unbefleckt. Er lebt das Christentum der Tat und überlässt die Reflexion den Theologen. Robert Spaemann sagte einmal: »Franziskus unterteilt die zwei Bereiche, die Theologie und die Praxis. Und will sie getrennt halten. Die Theologen sollen ihre Arbeit machen, aber die Hirten müssen sich nicht weiter darum kümmern. Mir scheint, er liest nicht viel, und mit Theologie hat er nicht viel im Sinn.«[15]

Oberstes Credo von Franziskus ist klar die Barmherzigkeit. Als Seelsorger in den Armenvierteln von Buenos Aires hat er sie großzügig praktiziert, als Papst reizt er sie über Gebühr aus. Was aber beim Pfarrer und Seelsorger unbedenklich ist, wird beim Oberhaupt der Kirche zum Problem, denn es kollidiert mit der sakrosankten Lehre. Bergoglio hat sich in dieser Doppelbödigkeit seit Jahrzehnten eingerichtet, wobei sie beim Erzbischof Bergoglio von Buenos Aires eben viel weniger ins Gewicht fiel als bei Papst Franziskus, der das oberste Lehramt verkörpert. Gewiss: Doppelbödigkeit ist geradezu konstitutiv in einer Institution, die das Ideal derart hoch hängt, wie das Eugen Drewermann in seinem Klassiker *Kleriker, Psychogramm eines Ideals* unübertrefflich beschreibt.[16] Im heiligen Stand der Kleriker mit den für die meisten unerreichbaren Idealen der Keuschheit und Armut ist Doppelleben systemimmanent. Unzählige der zum Zölibat verpflichteten Priester haben eine Geliebte, einen Geliebten. Und wie selbstverständlich leben die Nachfolger der Apostel in Palazzi und teuren Appartements. Auf Franziskus fällt diesbezüglich kein Verdacht. Aber auch er lebt doppelbödig: Seine Praxis der Barmherzigkeit hat keine Konsequenzen für die göttliche Lehre – bis eben auf die eine Fußnote in *Amoris laetitia*. Barmherzige Praxis und unbarmherziges Dogma klaffen auseinander.

Wie ein falsches Bild entsteht

Trotzdem erstaunlich, wie ein falsches Bild einer globalen Leaderfigur entstehen und falsche Erwartungen wecken kann. Von Seiten des Papstes wird man kaum von Propaganda reden können, aber sehr wohl von geschicktem Marketing und einer professionellen Imagepflege: Wie sich an Franziskus deutlich zeigt, verleitet er mit seinen Bildern, Gesten und Ankündigungen zu (nicht korrigierten) Fehlinterpretationen. So hat er explizit nie korrigiert, dass er kein Reformer, sondern Seelsorger ist, nie korrigiert, dass er kein Befreiungstheologe, sondern Volkstheologe argentinischen Zuschnitts ist. Auch hat der Argentinier nie deutlich gemacht, wie sehr ihn der Peronismus geprägt hat, genauso wie die antiwestliche und antiamerikanische Mentalität seines Volkes.

Zur Fehleinschätzung dieses/eines Papstes trägt natürlich die aus dem Anspruch seines von Gott gestifteten Amtes resultierende Überhöhung bei: Das Amtscharisma des Stellvertreters Christi verleitet dazu, ihn zu verklären. Es besteht die Gefahr der Idolatrie gleich wie bei der Figur von Königin Elisabeth II. Sie musste nicht einmal etwas versprechen oder kommentieren, konnte sich allein auf die symbolträchtige und überbordende Bildsprache der Monarchie stützen und ihr Amtscharisma als Königin. Das genügte, um die Öffentlichkeit in ihrem Glauben zu bestärken, sie habe 70 Jahre lang ausschließlich ihrem Land gedient und es zusammengehalten.

Bei ihr wie bei Papst Franziskus kommt neben dem Amtscharisma gewiss ein persönliches Charisma dazu. Beide monarchischen Figuren haben es wunderbar verstanden, unsere Bildergesellschaft zu bedienen und sich ihrer zu bedienen. Wenn man sich aber allein aufgrund des Bildes ein Bild macht von jemandem und dieses nicht kritisch reflektierend hinterfragt, entstehen falsche Interpretationen.

Franziskus selber hat kein Interesse daran, sein falsches Image kritisch zu reflektieren. Und der großen Öffentlichkeit kann man das nicht zumuten, wohl aber den Fachleuten, den Vatikanisten und den Theologen. Wenn indessen ihr Idol zu verkörpern scheint, was diese sich immer erhofft haben, bleibt auch bei diesen die kritische Distanz auf der Strecke, und das Idol wird zur Projektionsfläche ihrer Reformpostulate. So bleibt denn für die Weltöffentlichkeit und für Scharen von Gläubigen Franziskus ein Revolutionär und ein (gescheiterter) Reformpapst. Posthum aber wird man sich nicht mehr darüber hinwegtäuschen können, dass er in der Kirche alles beim Alten gelassen hat: die Traditionen, die Strukturen, die Lehre – und den Reformstau.

Anmerkungen

1   Franz-Xaver Hiestand im Interview mit dem Zürcher Tages-Anzeiger, 15.03.2013. Es liegt nur die Printversion vor.

2   Siehe Marco Politis Bücher *Franziskus unter Wölfen* und *Das Franziskus-Komplott*.

3   Austen Ivereigh, The Great Reformer. Francis and the making of a radical Pope, New York: Henry Holt 2014.

4   Austen Ivereigh, Wounded Shepard, Pope Francis and His Struggle to Convert the Catholic Church, New York: Henry Holt 2020.

5   Papst Franziskus, Wage zu träumen! Mit Zuversicht aus der Krise, München: Kösel 2020.

6   Franziskus, Weihnachtsansprache vor der Kurie, 22.12.2014. Online: https://www.vatican.va/content/francesco/de/speeches/2014/december/documents/papa-francesco_20141222_curia-romana.html (Stand: 08.01.2024).

7   Vgl. Matthias Altmann im Interview mit Marco Politi, Vatikan-Experte Politi: Angriffe auf Franziskus werden zunehmen, katholisch.de, 30.01.2023. Online: https://www.katholisch.de/artikel/43302-vatikan-experte-politi-angriffe-auf-franziskus-werden-zunehmen (Stand: 08.01.2024).

8   Anthony McCarten, Die zwei Päpste, Franziskus und Benedikt und die Entscheidung, die alles veränderte, Zürich: Diogenes, 2019.

9   »Kirche schwer belastet«. Katholischer Philosoph äußert Kritik an Papst-Kurs, domradio.de, 30.06.2016. Online: https://www.domradio.de/artikel/katholischer-philosoph-aeussert-kritik-papst-kurs (Stand: 08.01.2024).

10 Christian Geyer, Man reize diesen Herrscher nicht!, FAZ, 09.05.2016. Online: https://www.faz.net/aktuell/feuilleton/debatten/papst-franziskus-will-pius-bru-derschaft-anerkennen-14221802.html (Stand: 08.01.2024) sowie Christian Geyer, Gewalt schlummert im Herzen der Religion, FAZ, 02.12.2015. Online: https://www.faz.net/aktuell/feuilleton/debatten/wie-der-papst-ueber-fundamen-talismus-spricht-13942914.html (Stand: 08.01.2024).

11 Alexander Kissler, Ein relativ katholischer Papst, Cicero, 19.05.2016. Online: https://www.cicero.de/kultur/franziskus-im-interview-ein-relativ-katholischer-papst/60925 (Stand: 08.01.2024).

12 Siehe Kardinal Kasper, Messaggero, 11.12.2022. Online: https://www.ilmessag-gero.it/vaticano/papa_francesco_salute_conclave_prossimo_papa_riforme_vati-cano-7106877.html (Stand: 08.01.2024).

13 Kardinal Gerhard Ludwig Müller im Interview mit dem Zürcher Tages-Anzei-ger, 29.05.2018. Online: https://www.tagesanzeiger.ch/die-roemische-kurie-ist-doch-kein-mafiaclan-515417569235 (Stand: 08.01.2024).

14 Vgl. Franziskus, Wage zu träumen!.

15 Robert Spaemann, Herder Korrespondenz Spezial, April 2015. Online: https://www.herder.de/hk/hefte/spezial/phaenomen-franziskus-das-papstamt-im-wan-del/ (Stand: 08.01.2024).

16 Eugen Drewermann, Kleriker, Psychogramm eines Ideals, Olten: Walter-Verlag 1989.

Kapitel 11:
Conclusio: Die Zukunft der Kirche oder warum sie in ihrer Substanz nicht reformierbar ist

Das Pontifikat von Franziskus zeigt, dass die Kirche in ihrer Substanz, in ihren Alleinstellungsmerkmalen wie hierarchische Struktur, Zölibat oder Ausschluss der Frau vom Weiheamt nicht reformierbar ist. Darum wird der Reformstau bleiben und mit ihr die Kirche als bürokratisch verfestigte Institution, die aber die Herzen der Gläubigen nicht mehr erreicht. Wärmender Glaube wird bei Einzelnen und kleinen Gruppen fortleben. Die Prognose von Joseph Ratzinger allerdings, dass die zur Minderheit gewordene Kirche in besonders engagierten und mystischen Neuen Geistlichen Gemeinschaften das Salz der Erde einer Kontrastgesellschaft sein wird, hat sich nicht erfüllt. Im Gegenteil: Die für Missbrauch äußerst anfälligen neuen Gemeinschaften haben sich großenteils als Irrläufer erwiesen. Die katholische Kirche wird auch in Zukunft keine Kontrastgesellschaft sein, vielmehr eine Parallelgesellschaft mit eigener Rechtspraxis und konträren Positionen zur modernen Gesellschaft. Franziskus hat sicher dazu beigetragen, dass die Kirche ihren Schwerpunkt nach Süden verlagern wird, wo sie weit lebendiger ist als hier im Westen. Die Kirche mit südlichem Antlitz ist aber nur in geringem Maße von der emanzipativen Befreiungstheologie geprägt, viel eher von charismatischen und evangelikalen Freikirchen mit ihrem Machismo, ihren magischen und exorzistischen Praktiken. So oder so hat eine reformorientierte Kirche nach westlichen Vorstellungen keine Zukunft.

Gibt es überhaupt Reformpäpste? Vielleicht nur gescheiterte Reformpäpste? Oder werden solche dafür gehalten, die nur das Image eines Reformers haben wie Franziskus? Ist er mit den zwei Päpsten der neueren Zeit vergleichbar, die zumindest als Reformer angetreten waren? Da ist zunächst Pius IX. (1846–1878), der bei seiner Wahl zum Papst als offen und liberal galt und nach dem reaktionären Gregor XVI. eine Öffnung zu versprechen schien. Doch die revolutionär-nationale und freiheitliche Bewegung, die Europa damals grundlegend veränderte, setzte dem Kirchenstaat und der weltlichen Herrschaft des Papstes ein Ende. 1848 war Pio Nono gezwungen, vor den Kämpfern für die italienische Einigung ins Exil zu fliehen. Als er zwei Jahre später nach Rom zurückkehrte, war aus dem vermeintlichen Reformer ein Reaktionär geworden. Auf den jungen italienischen Nationalstaat und jegliche liberale Tendenzen reagierte er 1870 mit dem Ersten Vatikanischen Konzil, das die Unfehlbarkeit und den Rechtsprimat des Papstes definierte.

Auch Papst Paul VI. (1963–1978) galt zu Beginn seines Pontifikats als Reformpapst, weil er bis 1965 das Zweite Vatikanische Konzil zu Ende führte. Mit dem Bekenntnis zur Glaubensfreiheit, der Anerkennung anderer Religionen als Dialogpartner und zur Liturgie in der Volkssprache versuchte es, die Kirche mit der Moderne auszusöhnen. Im Nachgang zum Konzil eröffnete Paul VI. im August 1968 in Bogotà die Versammlung der lateinamerikanischen Bischöfe in Medellín. Diese leistete wesentliche Vorarbeiten für die 1979 bei der dritten Generalversammlung des Lateinamerikanischen Episkopats in Puebla eingebrachte »vorrangige Option für die Armen«. Auf diese Weise machte sie sich die Befreiungstheologie zu eigen und stellte folgenreiche kirchenpolitische Weichen. Und doch bleibt von Paul VI. vor allem das Verbot der Kontrazeptiva in Erinnerung. Die nur einen Monat vor der Versammlung in Medellín erschienene Enzyklika *Humanae vitae* war gegen die linke Kulturevolution von 1968 gerichtet: Empfängnisverhütende Mittel wie Pille und Kondom öffneten einen »breiten und leichten Weg zur ehelichen Untreue« und zur hedonistischen Sexualisierung der Beziehungen, argwöhnte Pillen-Paul, wie er fortan genannt wurde. Im Lehrschreiben bündelt sich die ganze Sexualmoral der Kirche mit ihrem Sex-Verbot für außerehelich Liebende, Wiederverheiratete und Homosexuelle. Für Hans Küng hat Paul VI. mit dieser Enzyklika die Macht über die Gewissen verloren und die Kirche »in jene Glaubwürdigkeitskrise gestürzt, die bis heute anhält.[1] Zu ergänzen wäre, dass im Schatten dieser Kleriker-Moral der sexuelle Missbrauch wuchert.

Die Ausnahme: Reformpapst Johannes XXIII.

Der letzte (und einzige?) Papst, der den Namen eines Reformers wirklich verdient, war Johannes XXIII. (1958–1963), der Vorgänger von Paul VI. Er stieg schon mit einem Reformprogramm auf den Papstthron und verkündete sogleich die Eröffnung des Zweiten Vatikanischen Konzils. Er wusste, was ein Aggiornamento, eine *Verheutigung* der Kirche verlangt: Liturgie in der Volkssprache, Bischofssynoden, Trennung von Kirche und Staat, Anerkennung der liberalen Menschenrechte, vor allem der Religions- und Glaubensfreiheit. Der *Papa buono* war ein gewiefter Theologe, der seine Reformen zu begründen wusste. Leider starb er, bevor sein Konzil endete. Franziskus hat ihn heiliggesprochen. Was nicht zwangsläufig als unzweideutiges Bekenntnis zum Zweiten Vatikanischen Konzil gelten darf. Genauso hat er Paul VI. und den großen Bremser des Konzils, Johannes Paul II., heiliggesprochen.

Johannes XXIII. strebte ohne Zweifel tiefgreifende Reformen an. Gerade die Wirkungsgeschichte des Zweiten Vatikanischen Konzils (1962–1965) zeigt aber exemplarisch, dass ein Reformkonzil kaum Chancen hat, tatsächlich auch umgesetzt zu werden. Die vom *Papa buono* aufgegleisten Reformen wurden von seinen Nachfolgern Johannes Paul II. und Benedikt XVI. weitgehend torpediert. Die Liturgiereform, welche die alte lateinische Messe durch die Eucharistie-Feier in der Volkssprache ersetzte, ist zwar die Regel geworden, aber bis heute ein Spaltpilz geblieben: Sie hat 1988 das erste Schisma nach der beim Ersten Vatikanischen Konzil definierten päpstlichen Unfehlbarkeit ausgelöst, das Schisma mit den traditionalistischen Piusbrüdern um Erzbischof Marcel Lefebvre. Benedikt hat die lateinische Messe wieder zugelassen. Franziskus stemmt sich dagegen, weshalb er von den Traditionalisten stark angefeindet wird.

Vor allem war Johannes XXIII. überzeugt, mit einem Konzil die rückwärtsgewandte Kirche mit der modernen Gesellschaft aussöhnen und die Zeichen der Zeit ernst nehmen zu müssen. Nach den Päpsten des 19. und des beginnenden 20. Jahrhunderts, welche die liberale Demokratie und die Menschenrechte in Bausch und Bogen verurteilt hatten, wollte er die Menschenrechte – vor allem Glaubens- und Religionsfreiheit – auch in der Kirche zur Richtschnur machen. Mit der Trennung von Kirche und Staat akzeptierte er die säkulare Verfassung des Staates. Die Erklärung *Dignitatis humanae* über die Religionsfreiheit und die Konzilserklärung *Nostra aetate* über das Verhältnis der Kirche zu den anderen Religionen eröffneten ein neues Verhältnis zum Judentum und den nicht-christlichen Religionen. Mit 150-jähriger Verspätung bekannte sich auch die Kirche zu den Menschenrechten, so zumindest kann man in Kommentaren zum Konzil lesen.

Ja zu den Menschenrechten, aber nicht zu allen

Doch das ist nur die halbe Wahrheit: Die Nachfolger des *Papa buono* denken bis heute nicht daran, die *Allgemeine Erklärung der Menschenrechte* der UNO und die *Europäische Menschenrechtskonvention* zu ratifizieren – aus der berechtigten Angst heraus, manche dieser

Menschenrechte würden das »göttliche Recht« unterlaufen: etwa durch die Gleichberechtigung von Mann und Frau, durch partizipative und demokratische Strukturen oder durch das Diskriminierungsverbot sexueller Minderheiten. Das blenden die Kirchenführer bei ihrer mantraartigen Berufung auf die Menschenrechte freilich aus. Interessanterweise gibt es hierzu starke Parallelen in der konservativen muslimischen Welt, die sich mit dem säkularen Staat und den Menschenrechten besonders schwertut. Hier sind die vermeintlich fortschrittlichen Menschenrechtserklärungen mit dem Vorbehalt versehen, dass die postulierten Rechte gelten, sofern sie nicht mit den göttlichen Gesetzen der Scharia kollidieren.

Des ungeachtet klagen die Päpste die Menschenrechte ganz selbstverständlich ein. Ähnlich wie Johannes Paul II. geniert sich auch Franziskus nicht, sich auf die nie ratifizierte UNO-Erklärung zu berufen und Menschenrechte wie gleiche Rechte für alle Menschen einzuklagen. In *Fratelli tutti* schreibt er: »Wenn man unsere gegenwärtigen Gesellschaften aufmerksam beobachtet, entdeckt man in der Tat zahlreiche Widersprüche, aufgrund derer wir uns fragen, ob die Gleichheit an Würde aller Menschen, die vor nunmehr 70 Jahren feierlich verkündet wurde, wirklich unter allen Umständen anerkannt, geachtet, geschützt und gefördert wird.«[2]

Fast schon unverschämt klingt es, wenn Franziskus im nachfolgenden Passus die Ungleichbehandlung der Frauen beklagt: Die Gesellschaften auf der ganzen Erde seien noch lange nicht so organisiert, »dass die Frauen genau die gleiche Würde und die gleichen Rechte haben wie die Männer. Mit Worten behauptet man bestimmte Dinge, aber die Entscheidungen und die Wirklichkeit schreien eine andere Botschaft heraus. In der Tat, ›doppelt arm sind die Frauen, die Situationen der Ausschließung, der Misshandlung und der Gewalt erleiden, denn oft haben sie geringere Möglichkeiten, ihre Rechte zu verteidigen‹«.[3] Ironischerweise trifft diese Beschreibung gerade auf die katholische Kirche zu. Die den Frauen verwehrte Gleichstellung ist und bleibt der blinde Fleck der Kirche. Befremdlich auch, wie Franziskus Pfeiler der Demokratie wie Parlament, Mitsprache oder Streit der Meinungen im Zusammenhang mit dem Synodalen Prozess diskreditiert.

Nicht nur die Menschenrechte werden in der Kirche nicht vorbehaltlos anerkannt, sondern auch viele andere Konzilspostulate wie Dezentralisierung, Aufwertung der Ortskirchen oder Mitsprache der Laien, des Volkes Gottes. War schon das Vatikanum II an sich eine Anhäufung von Kompromissen, so haben die Päpste Johannes Paul II. und Benedikt XVI. diese noch weiter ausgedünnt – und Franziskus ist trotz gegenteiliger Lippenbekenntnisse bei dieser konservativen Lesart geblieben: Statt Reform an Haupt und Gliedern bloß Kosmetik und Marketing. Trotz aller Debatten und Synoden keine Dezentralisierung der Kirche, trotz Priestermangel keine veränderten Zulassungsbedingungen zum Priesteramt, trotz Missbrauch keine dem modernen Erkenntnisstand angepasste Sexualmoral.

Alleinstellungsmerkmale gibt man nicht preis

Man muss dem kritischen Theologen Norbert Lüdecke beipflichten, der das System der katholischen Kirche »für geschlossen und in seinen Identitätsmarkern für nicht reformierbar« hält.[4] Das ist heute so, das war in früheren Zeiten so. Natürlich gab es immer wieder von Päpsten und Konzilien dekretierte Reformen, meist aber zur Festigung der kirchlichen Identität: zur Stärkung der Liturgie, des zölibatären Klerus, zur Stärkung der päpstlichen Vollmacht, des Ordensstands oder der Sakramente.

Gerade Franziskus hat vorexerziert, dass ein Papst die lehramtlichen Grundlagen in Form etwa des Weltkatechismus durchaus revidieren und ändern kann. Er hat die Haltung der katholischen Kirche zur Todesstrafe verschärft. Bisher hatte die Kirche diese als letztes Mittel nicht prinzipiell ausgeschlossen. In der 1995 von Papst Johannes Paul II. veränderten Fassung des Katechismus hieß es noch, dass die Todesstrafe gerechtfertigt sei, wenn es keinen anderen Weg gebe, »um das Leben von Menschen wirksam gegen einen ungerechten Angreifer zu verteidigen«. In dem 2018 von Franziskus neu formulierten Artikel des Weltkatechismus heißt es nun apodiktisch, »dass die Todesstrafe unzulässig ist, weil sie gegen die Unantastbarkeit und Würde der Person verstößt«.[5] Sie stehe im Widerspruch zum Evangelium.

Bei der Verschärfung des Verbots war es Franziskus wichtig zu betonen, dass das prinzipielle Nein zur Todesstrafe nicht im Widerspruch zur kirchlichen Tradition stehe. Immer habe die Kirche das Menschenleben von der Zeugung bis zum Tod verteidigt. Eine »harmonische Entwicklung der Lehre« erfordere es eben, so der Papst, sich von Positionen zu verabschieden, »die heutzutage dem neuen Verständnis der christlichen Wahrheit entschieden zuwiderlaufen«.[6] Doch diese neue Bewertung der Todesstrafe zielt gerade nicht ins Mark der Kirche, berührt nicht deren Arkandisziplin.

Eine »harmonische Entwicklung der Lehre« im Sinne von einem »neuen Verständnis der christlichen Wahrheit« schließt Franziskus offensichtlich aus, wo diese Identitätsmarker betroffen sind. Mit der Einführung des Segens für Menschen in irregulären Beziehungen hat er ja nur das Verständnis des Segens aus seelsorgerlicher Sicht erweitert und bereichert, ohne aber die kirchliche Doktrin der Ehe und Sexualität zu verändern.

Im Gegensatz dazu wollen die heutigen Reformforderungen unzweideutig eine Veränderung dieser Identitätsmarker. Ihren exemplarischen Ausdruck finden sie seit 30 Jahren in den Postulaten der *KirchenVolksBewegung Wir sind Kirche*, als da sind: Eine geschwisterliche Kirche samt Partizipation und Demokratie, volle Gleichberechtigung der Frauen, freie Wahl zwischen zölibatärer und nicht zölibatärer Lebensform, eine neue Sexualmoral samt Anerkennung der Homosexualität und Anerkennung auch der Empfängnisregelung, die nicht mit Abtreibung gleichgesetzt werden dürfe.[7] Diese Forderungen haben Schule gemacht und wurden eigentlich von allen Reformgruppen wie »*Es reicht!*«, *Allianz Glaubwürdig Katholisch*, *Lila Stola*, *Maria 2.0*, *Pfarrer-Initiative* oder *Priester ohne Amt* übernommen. Und es sind diese immergleichen Forderungen, die die Debatten auch des *Synodalen Wegs*, ja sogar der Bischofsynoden in Rom bestimmen. Die heißen Eisen sind Dauerbrenner. Sie perpetuieren sich selbst und mit ihnen den Reformstau.

Dieser »klassische Fragekanon« oder der »Kanon der Kritik«, um mit Joseph Ratzinger zu reden,[8] wird nie ans Ziel kommen, es sei denn um den Preis eines Schismas oder des Zerfalls. Eben weil die Reformpostulate die Alleinstellungsmerkmale betreffen, die Identität und Wiedererkennungswert der Kirche ausmachen. Gemäß ihrem sakralen Selbstverständnis sind sie »Wesensmerkmale kraft göttlichen Rechts«. Überall dort, wo Franziskus und die Päpste vor ihm sagten, sie hätten nicht die Vollmacht, dies oder das zu ändern, geht es um diese Identitätsmarker.

Zentraler Identitätsmarker der Kirche ist etwa ihre hierarchisch-autokratische Regierung, die Jesus Christus in der apostolischen Nachfolge den Päpsten und Bischöfen für alle Zeiten übertragen haben soll. Das Weihesakrament bürgt für ihren sakramentalen Charakter, der nie und nimmer zur menschlichen Disposition stehen darf. Wie die (britische) Erbmonarchie gründet die römische Wahlmonarchie auf dem Gottesgnadentum, das sich nicht rational, dafür mit überbordender Symbolik legitimiert. Somit ist eine Demokratisierung der Kirche ihr wesensfremd, weil nicht von Gott gewollt. Und die Unterscheidung zwischen Geweihten, die entscheiden, und Nicht-Geweihten, die nur mitreden und beraten, ist sakrosankt.

Anderes nicht hinterfragbares Identitätsmerkmal ist der Heilige Stand der Kleriker, der, mit wechselnder Begründung, allein dem männlichen Geschlecht vorbehalten ist. Er ist eine männliche Elitetruppe aus keuschen Gotteskriegern. Die mit der Weihe verliehene »ontologische Statusveränderung« samt »unauslöschlichem Prägemal« befähigt sie zur Verwaltung des sakramentalen Heils und zur Totalhingabe an die Institution. Diese fordert das Freisein von Bindungen und sexuelle Askese. Die Keuschheit der Priester macht die Frau per se überflüssig und wird Maßstab der gesamten römischen Sexualmoral: keine Autoerotik, keine Verhütung, keine Abtreibung, kein gleichgeschlechtlicher Verkehr – Sexualität nur als notwendiges Übel zur Fortpflanzung mit dem einzig legitimen Ort in der Ehe. Marco Marzano meint zurecht, es stehe außer Frage, dass der Pflichtzölibat, obwohl kein Dogma, sondern eine disziplinarische Regel, »seit Jahrhunderten und mit zunehmender Stringenz zum Dreh- und Angelpunkt, zur wichtigsten Bastion des gesamten kirchlichen Gefüges geworden ist«.[9] Sollte sie den Zölibat beiseiteschieben, »dann würde die Kirche ihren Wiedererkennungswert, ihre eigentliche Identität, ihr Bild bei den Gläubigen und in der öffentlichen Meinung und letztlich ihre ganze institutionelle Geschichte in Frage stellen.« Die Abschaffung des Pflichtzölibats würde »die Kirche so heftig erschüttern, dass sie Gefahr liefe, einzustürzen.«[10] Trotz des epidemischen Kindsmissbrauchs durch Kleriker ist deshalb auch Franziskus nicht gewillt, die systemischen Ursachen anzugehen.

Römische Kirche – Kontrastgesellschaft oder Parallelgesellschaft?

Das Festhalten an den Identitätsmarkern hat freilich seinen Preis. Durch die um sich greifende Säkularisierung und den wissenschaftlichen Fortschritt wird in der demokratischen Gesellschaft die Kluft zur feudalen römischen Kirche immer größer: Der Zölibat, der Ausschluss der Frau von der Weihe, die auf die heterosexuelle Penetration fixierte Sexualmoral sowie die hierarchischen Strukturen können kaum mehr plausibel gemacht werden. Bei allen relevanten Kulturkämpfen um Demokratie, Gleichberechtigung, Diversität, Feminismus, Gender, Abtreibung, Homoehe oder Sterbehilfe stehen Kirche und Papst mit dem Rücken zur Wand. Speziell im Zusammenhang mit dem Missbrauchs- und Vertuschungsskandal wird der Kirche vorgeworfen, eine illegitime »Parallelgesellschaft« mit eigener Rechtspraxis zu sein.

Aus einer gegenläufigen positiven Perspektive heraus nannte Joseph Ratzinger die schrumpfende Kirche schon in seiner Weihnachtsansprache von 1969 im *Hessischen Rundfunk* eine »Kontrast-Gesellschaft«: »Ich sehe in dem Niedergang des Systems Volkskirche, der sicher ein schmerzhafter Prozess ist, die enorme Chance, dass Kirche wieder das werden kann, wozu sie berufen ist: eine Kontrastgesellschaft zur Bürgergesellschaft, ein göttlicher Gegenentwurf zur Welt, eine Einladung Christi, Gottes Alternative zu leben.«[11] Er hat zwar richtig gesehen, dass die Kirche zumindest in unseren Breiten zur Minderheit wird – und die Volkskirche zum Auslaufmodell. Doch macht er die christliche Minderheit zum heiligen Rest der Rechtschaffenen. In seinem Interview-Buch *Salz der Erde* fast 30 Jahre später präzisierte er die Rolle der Kirche in der entchristlichten Gesellschaft »als Gegenmodell zur Volkskirche«. In Zukunft würden kleine, aber entschiedene christliche Zellen als »neue Lebensmodelle«, »Bewegungen« und »neue Weisen der Weggemeinschaft« das »Salz der Erde« sein. Neben den »Pfarreien als wesentliche Zelle des gemeindlichen Lebens« werde es »wie fast immer in der Geschichte Gruppierungen geben, die durch ein bestimmtes Charisma, durch eine Gründerpersönlichkeit für einen spezifischen geistlichen Weg zusammengehalten« werden. »Schon jetzt haben sich neue Formen des Ordenslebens mitten in der Welt gebildet«, so Ratzinger, der von einer »pfingstliche[n] Stunde in der Kirche« spricht.[12]

Gründlicher hätte er sich nicht täuschen können: Mit der kleinen Herde aus überschaubaren geistlich-mystischen Gemeinschaften meinte er nämlich die von ihm und Johannes Paul II. geförderten Neuen Geistlichen Gemeinschaften, die vor 50 Jahren einen »neuen Frühling der Kirche« zu verheißen schienen und junge Menschen in Scharen an sich zogen. Inzwischen aber sind viele, sogar die meisten der als heilig und charismatisch verklärten Gründergestalten in Misskredit geraten und staatlich oder kirchlich sanktioniert worden. Der Vatikan musste gegen nicht weniger als 70 dieser geistlichen Gemeinschaften eine Untersuchung wegen Missbrauch einleiten, wie Céline Hoyeau in ihrem Buch *Der Verrat der Seelenführer* schreibt.[13] Auch die *Katholische Integrierte Gemeinde* in München, die Ratzinger jahrzehntelang förderte und 1978 kirchlich anerkannte, wurde im Jahr 2020 wegen ihrer psychisch-spirituellen Missbrauchsstrukturen geschlossen. Ein Debakel für den emeritierten Papst, der behauptete, er sei nicht richtig informiert und getäuscht worden. Während Franziskus den Missbrauch in der Kirche dem Teufel anlastet, führte ihn Benedikt auf den verderblichen Einfluss der sexuellen Revolution der 1968er zurück. Das ganze Ausmaß der Missbräuche in den geistlichen Gemeinschaften ist erst im Pontifikat Franziskus offenbar geworden. Sie haben sich als mystische Irrläufer entpuppt.

Aus nochmals anderer, nämlich soziologischer Perspektive glaubt auch Marco Marzano, dass die Kirche als Kontrastgesellschaft besser überlebensfähig sei, als wenn sie sich dem gesellschaftlichen Mainstream anpassen würde. Ja er rät ihr, um überleben zu können, »an ihren reaktionären Standpunkten festzuhalten, ihre Andersartigkeit zu betonen und sich gegen die sie umgebende Gesellschaft abzugrenzen«.[14] Er weist darauf hin, dass im Zeitalter der Säkularisierung die konservativen evangelikalen und charismatischen Kirchen die einzigen sind, die derzeit wachsen. Die Zukunft der Religion scheine also in einer zunehmenden »Sektierung« zu liegen, um in einer fortschreitenden und klaren Abgrenzung immer kleinerer Gruppen religiöser Menschen gegen den Rest der Gesellschaft zu bestehen. »Als Vertreterinnen von Werten, die, an den Anschauungen der Mehrheit gemessen, zunehmend isoliert und anomal sind, überleben die Kirchen besser, wenn sie ihren unüberbrückbaren Unterschied zur modernen Welt betonen und mit Nachdruck auf deren Verirrungen und Krisen hinweisen.«[15] Das klingt fast schon ironisch, ist aber ernst gemeint.

Bürokratische Institution versus mystische Seele

Das schließt nicht aus, dass die Amtskirche als hoch institutionelle Größe überleben wird, schreibt Marzano: »Die großen bürokratischen Organisationen neigen dazu, sich selbst zu perpetuieren und möglichst wenig zu verändern.«[16] Auch der Religionssoziologe Franz-Xaver Kaufmann prophezeit in seinem Buch *Kirchenkrise*, dass die Kirche als bürokratisch organisierte Institution überleben werde. Er hält die katholische Kirche für krank, aber dennoch für überlebensfähig. Die Religionsgeschichte zeige, dass Religionen generell zu den dauerhaftesten Gebilden der Menschheitsgeschichte gehörten, zumal die hochgradig durchorganisierte katholische Kirche.[17] Auch wenn es der Kirche in Deutschland gut gehe, scheine sie den Kontakt zur »Seele« der meisten Menschen verloren zu haben, vermöge sie innerlich nicht mehr anzusprechen. »Wem ein schlichtes Überleben der Kirche in der Form einer hoch organisierten Superstruktur nicht genügt, wird hierzulande an seiner Kirche leiden. Er wird das Leuchtende, Hoffnung Spendende des Glaubens vermissen«.[18] Darum wird für den Religionssoziologen der außerhalb der Kirchen gelebte, auf echter (mystischer) Erfahrung gründende Glaube von Einzelnen und Gruppen immer wichtiger.

Davon war der Konzilstheologe Karl Rahner schon 1965 überzeugt: »Der Fromme von morgen wird ein ›Mystiker‹ sein, einer der etwas ›erfahren‹ hat, oder er wird nicht mehr sein«,[19] lautet sein meistzitierter Satz. Zwischen diesen beiden Modellen der religiösen Beheimatung, nämlich in einer erkalteten bürokratischen Kirche und in einer wärmenden individuellen Mystik, dürfte die Religion in Zukunft oszillieren. Droht beim ersten Modell Bevormundung und Unterordnung, so beim zweiten die Überforderung durch Freiheit. Das machen die des Missbrauchs überführten Neuen Geistlichen Gemeinschaften überdeutlich. Das im Glauben auf sich gestellte Individuum ist schnell überfordert und verführbar. Es wäre glücklich, sich auf eine glaubwürdig erneuerte Kirche auf der Höhe der Zeit stützen zu können, die spirituelle Heimat, Orientierung und Halt bietet. Doch das wird die römische Kirche nie leisten können. Ob sich nun mehr das erste oder das zweite Modell durchsetzt: Beide sind nicht auf strukturelle Reformen ausgerichtet.

Kirche mit südlichem Profil wenig offen für Reformen

Das wird umso weniger in einer Amtskirche der Fall sein, die künftig ein südlicheres Profil bekommt und, der demographischen Entwicklung folgend, ihren Schwerpunkt in der südlichen Hemisphäre haben wird. Gewiss, die arme Kirche im Süden wird auch in Zukunft viel lebendiger sein als die Kirche im säkularen und reichen Westen. 2014 klagte Franziskus vor den europäischen Institutionen in Straßburg, Europa wirke alt, müde und kraftlos, wie eine »unfruchtbare Großmutter«.[20] Wohl hatte er da auch die Kirche in Europa vor Augen, die durch Säkularisierung, Vergreisung des Klerus, Kirchenmüdigkeit und massiv sinkende Mitgliederzahlen geschwächt ist.

Darum ist Volkstheologe Franziskus ja so angetan von der innigen und vitalen Volksfrömmigkeit der Armen in seiner lateinamerikanischen Heimat, in Asien und Afrika. Mit seiner Kardinalspolitik hat er es sehr wahrscheinlich gemacht, dass auch der nächste und der übernächste Papst aus dem Süden kommen und der Kirche ein immer südlicheres Gesicht geben dürfte. Die meisten von Franziskus ernannten Kardinäle des Südens sind politisch engagiert und lehramtlich konservativ. In einer Amtskirche mit südlichem Profil werden auch in Zukunft die innerkirchlichen Reformforderungen weit weniger wichtig sein als im Westen und hinter den Fragen des Hungers, der Überschuldung, des kolonialistischen Erbes oder des ökologischen Raubbaus zurücktreten. Gerade eher linke und befreiungstheologisch orientierte Reformkatholiken setzen auf eine südlich geprägte Kirche, die ihre Stimme für Gerechtigkeit und Umverteilung stark machen soll, und übersehen gerne, dass die dortige Volksfrömmigkeit der Armen die theologische Reflexion hintanstellt und Trost viel eher in Gebet und Riten sucht. Es ist keineswegs so, dass diese Kirche des Südens mehrheitlich von der Befreiungstheologie durchtränkt wäre. Die dortige Volksreligiosität orientiert sich eher an den Pfingst- und Freikirchen mit ihren charismatischen und magischen Praktiken. Bis hinauf zur Kirchenspitze ist sie geprägt von Machismo, Homophobie und Exorzismus.

Es ist also äußerst fragwürdig, ob das Heil aus einer Kirche des Südens kommen wird. Schon Franziskus hat gezeigt, dass ihn, den ersten Papst des Südens, die liberalen demokratischen, aber auch saturierten Kirchen der europäischen Reformation weit weniger interessieren als die Kirchen seiner Heimat, die orthodoxen Kirchen und der Islam. Bei ihnen findet er weit größere Schnittmengen in Sachen autoritärer Struktur, Soziallehre und Moral. Auch geopolitisch hat sich Franziskus dezidiert außerhalb des westlichen Bündnisses gestellt und etwa stets an Russland und dessen orthodoxer Kirche als wichtigem Gesprächspartner festgehalten. Es ist zu befürchten, dass Kirchenleader aus dem Süden diese Ausrichtung dereinst noch akzentuieren könnten. Vielleicht wird in Zukunft ein afrikanischer oder asiatischer Papst den antiwestlichen Kurs in allen Belangen noch prononcierter vertreten als Franziskus. Was feststeht: Sowohl auf Grund der Kirchenverdrossenheit der Ersten Welt, aber auch auf Grund der spezifischen Bedürfnisse der Kirche im Süden wird die römisch-katholische Kirche künftig keine reformorientierte Kirche nach westlichen Vorstellungen sein.

Anmerkungen

1   Hans Küng, Kleine Geschichte der katholischen Kirche, S. 24.
2   Papst Franziskus, Fratelli Tutti, Nr. 22, 03.10.2020. Online: https://www.vatican.va/content/francesco/de/encyclicals/documents/papa-francesco_20201003_enciclica-fratelli-tutti.html (Stand: 08.01.2024).
3   Ebd., Nr. 23.
4   Norbert Lüdecke, Die Täuschung.
5   Festgeschrieben: Katholische Kirche lehnt Todesstrafe nun klar ab, Vatican News, 02.08.2018. Online: https://www.vaticannews.va/de/vatikan/news/2018-08/todesstrafe-katechismus-katholische-kirche-todesstrafe-ablehnung.html (Stand 08.01.2024).
6   Ebd.
7   Wir sind Kirche Deutschland, Ziele und Forderungen des KirchenVolksBegehrens 1995. Online: https://www.wir-sind-kirche.de/files/wsk/dokumente/Statut.pdf (Stand 08.01.2024).

8   Joseph Ratzinger, Salz der Erde. Christentum und katholische Kirche an der Jahrtausendwende – Ein Gespräch mit Peter Seewald, Stuttgart: DVA 1996, S. 282 f.

9   Marco Marzano, Die unbewegliche Kirche, S. 100.

10   Ebd., S. 101.

11   Joseph Ratzinger, Hessischer Rundfunk, 25.12.1969.

12   Joseph Ratzinger, Salz der Erde, S. 282 ff.

13   Céline Hoyeau, Der Verrat der Seelenführer, S. 13.

14   Marco Marzano, Die unbewegliche Kirche, S. 120.

15   Ebd.

16   Ebd., S. 208.

17   Vgl. Franz-Xaver Kaufmann, Kirchenkrise, Freiburg im Breisgau: Herder 2000, S. 172.

18   Ebd., S. 173.

19   Karl Rahner, Schriften zur Theologie, Bd. VII, Freiburg im Breisgau: Herder 1966.

20   Siehe etwa Thomas Jansen, Wie steht der Papst zu Europa?, katholisch.de, 06.05.2016 Online: https://www.katholisch.de/artikel/8893-wie-steht-der-papst-zu-europa (Stand 08.01.2024).

Bibliografie

Daniel Deckers, Papst Franziskus. Wider die Trägheit des Herzens, München: C.H. Beck 2014.

Eugen Drewermann, Kleriker. Psychogramm eines Ideals, Olten: Walter-Verlag 1989.

Andreas Englisch, Der Pakt gegen den Papst. Franziskus und seine Feinde im Vatikan, München: C. Bertelsmann 2020.

Papst Franziskus, Wage zu träumen! Mit Zuversicht aus der Krise, München: Kösel 2020.

Friedrich Wilhelm Graf, Missbrauchte Götter. Zum Menschenbilderstreit in der Moderne, München: C.H. Beck 2009.

Jean-Marie Guénois, Pape François. La Revolution, Paris: Gallimard 2023.

Céline Hoyeau, Der Verrat der Seelenführer, Macht und Missbrauch in Neuen Geistlichen Gemeinschaften, Freiburg im Breisgau: Herder 2023.

Austen Ivereigh, The Great Reformer, Francis and the making of a radical Pope, New York: Henry Holt 2014.

Austen Ivereigh, The Wounded Shepard. Pope Francis and His Struggle to Convert the Catholic Church, New York: Henry Holt 2020.

Franz-Xaver Kaufmann, Kirchenkrise. Wie überlebt das Christentum? Freiburg im Breisgau: Herder 4. Auflage 2011.

Hans Küng, Kleine Geschichte der katholischen Kirche, Berlin: Taschenbuch Verlag 2002.

Christopher Lamb, The Outsider, Pope Francis and his battle to reform the church. New York: Orbis books 2020.

Norbert Lüdecke, Die Täuschung, Haben Katholiken die Kirche, die sie verdienen? Darmstadt: wbg Theiss, 2021.

Marco Marzano, Franziskus und die verhinderte Revolution, Die unbewegliche Kirche, Freiburg im Breisgau: Herder 2019.

Anthony McCarten, Die zwei Päpste, Franziskus und Benedikt und die Entscheidung, die alles veränderte, Zürich: Diogenes 2021.

Marco Politi, Franziskus unter Wölfen, Der Papst und seine Feinde, Freiburg im Breisgau: Herder 2015.

Marco Politi, Das Franziskus-Komplott, Der einsame Papst und sein Kampf um die Kirche, Freiburg im Breisgau: Herder 2020.

Fabio Marchese Ragona, I nuovi Cardinal di Francesco, Milano: San Paolo 2019.

Karl Rahner, Schriften zur Theologie, Bd. VII, Freiburg im Breisgau: Herder 1966.

Joseph Ratzinger, Salz der Erde, Christentum und katholische Kirche an der Jahrtausendwende, Ein Gespräch mit Peter Seewald, Stuttgart: Deutsche Verlags-Anstalt 1996.

Paul Vallely, Papst Franziskus, Vom Reaktionär zum Revolutionär, Darmstadt: Theiss 2014.

Sexualität als Sprache der Liebe

192 Seiten
Gebunden
mit Schutzumschlag
ISBN 978-3-451-39850-6

Kaum jemand sucht Beziehungstipps bei der Kirche, doch der
Moraltheologe Daniel Bogner betont, dass die Ressourcen des
christlichen Glaubens für das Liebesleben nicht vergessen werden
sollten. Bestsellerautor Bogner hilft, diese Ressourcen zu entde-
cken und in ein neues Beziehungsethos zu integrieren, indem er
mit dem Scherbenhaufen der christlichen Sexualmoral aufräumt
und die Vielfalt menschlicher Lebens- und Liebessituationen
würdigt.

In jeder Buchhandlung!

HERDER

www.herder.de